如何为孩子书写科学

第六届、第七届中国科普作家协会
优秀科普作品奖获奖图书佳作评介

李红林 陈玲 金梦瑶 主编

上海交通大学出版社
SHANGHAI JIAO TONG UNIVERSITY PRESS

内容提要

  本书是针对当前中国优秀科普图书佳作评介开展的延续性工作。本书以第六届、第七届"中国科普作家协会优秀科普作品"获奖的儿童科普图书作品为主要研究对象，以获奖图书的创作者、编辑出版者、读者为线索形成内容结构和叙述视角，根据他们各自在作品中所处的角色定位，深度挖掘优秀作品背后的故事，提炼创编思想理念和技巧经验，总结科普创作、编辑与评论之道。本书适合科普领域的创作者和编辑出版者，以及对科普作品感兴趣的社会人士阅读。

图书在版编目（CIP）数据

  如何为孩子书写科学：第六届、第七届中国科普作家协会优秀科普作品奖获奖图书佳作评介 / 李红林，陈玲，金梦瑶主编 . -- 上海：上海交通大学出版社，2025.1 -- ISBN 978-7-313-31934-0

  Ⅰ. G236

  中国国家版本馆CIP数据核字第202481AP37号

如何为孩子书写科学：
第六届、第七届中国科普作家协会优秀科普作品奖获奖图书佳作评介
RUHE WEI HAIZI SHUXIE KEXUE:
DILIUJIE DIQIJIE ZHONGGUO KEPU ZUOJIA XIEHUI YOUXIU KEPU ZUOPIN JIANG
HUOJIANG TUSHU JIAZUO PINGJIE

主　编：李红林　陈　玲　金梦瑶			
出版发行：上海交通大学出版社	地　　址：上海市番禺路951号		
邮政编码：200030	电　　话：021-64071208		
印　制：常熟市文化印刷有限公司	经　　销：全国新华书店		
开　本：710mm×1000mm　1/16	印　　张：11.75		
字　数：145千字			
版　次：2025年1月第1版	印　　次：2025年1月第1次印刷		
书　号：ISBN 978-7-313-31934-0			
定　价：82.00元			

本书编委会

主编 李红林　陈　玲　金梦瑶

参编 张　峰　谢丹杨　齐　钰　沈　丹

　　　　娄　纯　王景睿　李　茵　关　月

前　言

　　科普创作是科普的源头活水，科普的快速、健康、可持续发展有赖于科普创作的繁荣，优质科普内容资源的创作更是新时代科普高质量发展的根本保障。科普图书，作为一种最典型的科普作品形式和科普媒介形式，长期以来在科普领域都发挥着不可替代的作用。随着新媒体时代的到来，尽管从整体上看，纸本图书出版与阅读的发展势头不如数字阅读，但科普类图书仍保持着良好的发展态势，甚至呈现逆势而上的勃勃生机。叫好叫座的优秀作品不断涌现，越来越多的科技工作者投身科普创作领域，为推进全民科学阅读，提升科学素质，满足人民群众精神文化需求提供了丰富的养料。

　　《全民科学素质行动规划纲要（2021—2035 年）》提出"实施繁荣科普创作资助计划""支持优秀科普原创作品""扶持科普创作人才成长，培养科普创作领军人物"，为当前及未来一段时间科普创作繁荣发展提供了政策保障。国家科技进步奖、科技部全国优秀科普作品及北京、上海等地的政府科技奖对科普创作成果的表彰奖励等，都为科普创作繁荣发展营造了良好的社会激励环境。"中国科普作家协会优秀科普作品奖"是科普创作领域社会组织设奖的代表。该奖项 2008 年经国家科学技术奖励工作办公室批准设立，每两年评选一次，迄今已完成八届的评选活动。作为中国科普创作领域的最高奖项，用于表彰奖励全国范围内以中文或国内少数民族语言创作的优秀科普作品的创作者和出版制作机构，推出科普精品，繁荣科普创作和宣传出版事业，为提高全民族科学文化素质，促进社会主义物质文明和精神文明建设贡献力量。目前，奖项设置有科普图书、科普影视动画以及青年短篇科普佳作（第五届增设）三个类别。截至目前，获奖作品中先后有 20 部荣获国家科技进步二等奖。

　　科普创作的繁荣发展，核心在创作者（包括作者、编辑出版者），驱动在读者。好的作品，是能满足读者需求，激发读者热情，引发读者思考的作品。好的作品，更需要创作者的用心创作、精心打磨。针对当前的优秀科普作品，开展创作者视角和读者视角的评述，总结经验，凝练智慧，洞悉需求，汇聚共识，可以为更多优秀科普作品的产生提供一些启示。基于此，2011 年开始，中国科普研究所启动"中国科普作家协会优秀科普作品奖"获奖图书评介工作，至今已出版《首届优秀科普作品评介》《第二届获奖优秀科普作品评介》《科普创作与编辑：第三届获奖科普作品佳作评介》《科普创作与编辑：第四届获奖科普作品佳作评介》《科普创作与编辑：第五届中国科普作家协会优秀科普作品奖获奖图书佳作评介》。该系列图书通过精心策划组织，推出了一批创作者和读者视角的讲述、诠释和评论，总结了科普创作、编辑与评论之道，为推动科普创作高质量发展做出了积极贡献。

　　《我们如何书写科学：第六届、第七届中国科普作家协会优秀科普作品奖获奖图书佳作评介》和《如何为孩子书写科学：第六届、第七届中国科普作家协会优秀科普作品奖获奖图书佳作评介》是上述延续性工作的成果。评介对象为第六届、第七届"中国科普作家协会优秀科普作品奖"的获奖图书。第六届评奖活动 2019 年 9 月正式启动，评选范围为 2018 年 1 月 1 日至 2019 年 12 月 31 日期间正式出版的科普作品。评选活动收到符合资格的科普图书 453 种，初评入选 152 种，最终评选出金奖作品 10 种，银奖作品 19 种，合计 29 种。第七届评奖活动 2021 年 12 月正式启动，评选范围为 2020 年 1 月 1 日至 2021 年 12 月 31 日期间正式出版的科普作品。评选活动收到符合资格的科普图书618种，初评入选187种，最终评选出特别奖作品2种，金奖作品10种，银奖作品19种，合计31种。

如前所述，一本真正深入人心的科普好书的出版，需要作者、编辑的努力，同样也需要读者的积极反馈。读者对于科普图书的选择与意见，能够帮助创作者拓宽思路、适时改进，从而建立起基于公众需求的良性创作循环。因此，"书写科学"的主体既包括作者（译者）、编辑出版者，也包括广大读者，他们共同形成了"书写者"的群像，共同推动科普创作与传播的繁荣。同时，我们也越来越注意到，以一些著名科学家为代表的、越来越多的科技工作者加入科普创作行列，成为"书写者"大家庭的一员。他们作为科研一线人员，是科学普及的"第一发球员"，最适合把科学知识及时、准确地传递给公众，并以亲历其中的真情实感讲述好科学故事和科学家的故事，让公众深刻感悟科学精神和科学家精神，共同营造尊重科学崇尚创新的良好社会氛围，推进我国加快建设科技强国、实现高水平科技自立自强的步伐。

相较此前的系列图书，《我们如何书写科学：第六届、第七届中国科普作家协会优秀科普作品奖获奖图书佳作评介》和《如何为孩子书写科学：第六届、第七届中国科普作家协会优秀科普作品奖获奖图书佳作评介》进行了一些更有针对性的创新考虑。首先是根据图书的重点读者对象，将第六届、第七届中国科普作家协会优秀科普作品奖获奖的60种图书，分为面向公众的科普图书和面向青少年的科普图书分别加以评介。其次是尽可能就单本书（或每部分以一部典型图书为例）同时进行作者、编辑出版者以及读者三个角度的评介，以更立体地呈现一本书从创作、编辑到抵达读者的全过程中所饱含的创编理念、方法、技巧、心得、体会和品读感悟、发现、收获等，形成互文。

上述考虑一方面期望能为广大科技工作者、科普创作者、编辑出版机构开展科普创作，尤其是"面向世界科技前沿、面向经济主战场、面向国家重大需求、面向人民生命健康"等重大题材开展科普创作提供一些借鉴，以"科普创作繁荣"助力科普高质量发展，更好服务高水平科技自立自强。另一方面，期望引发更广大读者，尤其是青少年群体的阅读与思考，共同营造爱读书、读好书、善读书和讲科学、爱科学、学科学、用科学的良好社会氛围，以科学阅读涵养科学精神，以科学精神孕育创新创造，厚植创新沃土，汇聚蓬勃力量。

当然，以上初衷非朝夕之间、个人之力所能实现，有赖多方的共同、持续努力。正如本书的编撰，得到了第六届、第七届获奖图书的作者、编辑的积极响应和诸多专家、学者及读者的有力支持，在此，我们表示衷心的感谢。鉴于编写水平之限，书中不足之处在所难免，恳请各位读者不吝指正。

编者

2024 年 11 月

目 录

上篇
好奇心的建筑师：
点亮孩子心中的科学火花

导言

什么样的科普图书可以称得上是适合青少年的优秀之作？

从创作者的角度，它应是能在孩子们心中播下探索科学的种子的。这颗种子会随着时间推移，生根发芽，长成为求知若渴和探索科学奥秘的强大动力。它应是能培养孩子们的科学思维和批判性思考能力，进而帮助孩子们领悟科学精神，塑造支撑他们一生的信念和世界观的。同时，它应是能吸引孩子们看，而且让孩子们爱看的。那么，趣味性、科学性和可读性就都必不可少。有趣才能吸引人，才能激发他们的阅读兴趣，开启他们的阅读之旅。又因可能构建青少年对某一知识的"首因印象"，科学性不可或缺。此外，文字也须通俗易懂，语言适合青少年阅读习惯，举例贴近他们的生活，比喻要富有想象力且准确，辅助理解的图片和图解有时也很有必要。

上述种种"高"标准无疑增加了儿童科普内容创作的难度。尽管如此，进入 21 世纪以来，我国少儿图书出版市场持续繁荣，2016 年后始终占据图书市场第一大板块，其中，科普类图书占比日益增大。2021 年起，少儿科普百科类图书超越少儿文学、绘本等其他细分板块，成为少儿图书市场的第一大门类。

在这片少儿科普图书的海洋中，优秀作品灿若星辰，熠熠生辉。国内许多出版机构的科普系列或品牌都保持了高质量的出版水准，如商务印书馆的"自然文库"、译林出版社的"天际线"、清华大学出版社的"原点阅读"、湖南科学技术出版社的"第一推动丛书"和未读文化的"探索家"等，在推出了大量面向成人的科普佳作的同时，也都兼顾到了儿童科普领域。

国外引进的优秀少儿科普图书同样占据重要位置。如"DK 百科图书"系列、"大英百科全书"系列、"BBC 科普"系列等百科类图书，《从一到无穷大》《昆虫记》《森林报》等经典科普图书，它们不仅让我国读者有了更多的选择，还作为优秀范例，为我们提供了宝贵的学习和借鉴机会。

尤其值得关注的是，随着新时代科普的高质量发展，越来越多具备专业学科背景、丰富科研经验和深刻科学思考的科研工作者们投身科普创作，创作了大量深入浅出的优质科普作品。比如，"小亮老师的博物课"系列、《植物塑造的人类史》、"科学家奶爸"手绘系列，以及近年来畅销的各类漫画科普图书，如"谢耳朵漫画"系列等。

需要特别说明的是，这一类优秀科普作品，正是资深科普作家、天文学家卞毓麟先生所倡导的"元科普"类科普图书。科普图书的作者即"科学亲历者"本人，他们首先能保证内容的科学性和准确性。而"科学亲历者"本人往往更能高屋建瓴地一览所写学科或领域的全貌，若作者同时还具备不俗的文笔，能做到深入浅出，表达鲜活有趣，那这样的一本科普图书一定是一本值得精读的科普佳作。

中国科学院院士、海洋与地球科学专家汪品先教授所著的《深海浅说》就是典型代表。本系列图书之一——《我们如何书写科学：第六届、第七届中国科普作家协会优秀科普作品奖获奖图书佳作评介》中有对该书的专门评述。中国科学院大气物理研究所高登义研究员创作的"高登义科学探险手记"系列也属此列。高登义是中国完成地球三极（南极、北极和青藏高原）科学考察的第一人，他的科学探险手记不仅记录了科学探险历程，更展现了他对山地和极地的深情，以及对自然与科学的深刻理解。这些，对于青少年读者而言，都是难能可贵的。

我国科普图书的上述气象总体是令人欣喜的。然而，从市场数据来看，生物世界、人类科学、数理化和地球科学类科普图书的读者居多，占比超过百分之六十，可见，我国科普图书阅读呈现出较高的内容（领域）集中度，换言之，我们的科学阅读仍需提升多样性。

关于阅读，鲁迅先生曾说："不先泛览群书，则会无所适从或失之偏好。广然后深，博然后专。"不妨让我们的孩子从广泛的科学阅读开始，只要是孩子感兴趣的，不排斥的，都可以让他广泛涉猎，如科技史、科学人文、科学家故事，等等。通过科学阅读来培养科学思维、学会科学探究、培育科学精神，以科学阅读，帮助点亮孩子们的科学梦想，在他们的心田播撒下科学的种子，让这些种子在未来成长为科研世界里的参天大树。

（向 隽 中国纺织出版社科普图书分社社长、副编审）

孕育生命一样孕育你

——《天工开物：给孩子的中国古代科技百科全书》作者手记

2015 年，我有了一个孩子，是一个真真实实的、在我肚子里扑腾着小脚丫子的孩子。刚得知这个消息的时候，我还不知道他是男是女，是丑是美，但我很觉诧异，多么糊里糊涂又莫名其妙的家伙才会投生到我的肚子里来。我给他取名小妖，是《逍遥游》的谐音，希望他能成为一只天地之间最快活、最自在、最逍遥的小妖怪。

《逍遥游》是我当时在孔子书院讲的课，后来应邀去本地的大学讲《道德经》时也不忘讲它。那时我大着肚子，爬五层楼，在少年们惊讶的目光中走上讲台。

少年们都很新潮，穿着时尚的衣服，剪着炫酷的发型，谈着新鲜的电子产品与游戏大招，哪里听得进"满面灰尘"的孔孟老庄。他们毫无兴趣，但又看见了我的大肚子，于是善良地收敛了烦躁的表情，听我讲一条鱼怎么变成惊天巨鸟，一个老人怎么骑着青牛从单位逃之夭夭。听着听着，少年们的眼睛里有了光，他们不再哈欠连连，不再摇头晃脑，不再频繁地摆弄手机，而是好奇宝宝似的问——

"老师你知道李白是怎么死的吗？"

"貂蝉真的很美吗？"

"历史上真的有姜子牙、二郎神吗？"

历史上没有貂蝉，但是真的有姜子牙。李白或许死于醉后坠湖，或许死于年老病弱，或许没有死呢？仙人嘛，总是寿与天齐的。他们大抵是没见过这样不顾课本、有问必答、任由他们天马行空的老师，问得越发大胆，越发肆意——

"古代不用计划生育，为什么人口那么少？"

"古人天一黑就睡觉吗？"

"古人平时都玩什么？衣服是不是只有土黄色的？"

一节课过得很快，万幸我肚子里读的那几本古书还没有给他们掏干净，勉强能应答几轮。之后的课就有些力不从心了。我成了套了磨碾子的驴，被逼着一回家就钻进书房，迫切又焦急，生怕下一次课上被他们问住了，辜负了六尺黄土之下的先生们。

就是那段日子，我第一次仔仔细细地研读完了整本《天工开物》。大学时我的专业是古汉语言文学，跟着教授也浅浅了解过，但是并不甚解，毕竟那时我正沉迷于《西厢记》和《牡丹亭》，沉迷于少女的旧梦，不爱那些枯燥、生硬的作品详解。

《天工开物》帮了我很大的忙，少年们听得津津有味，甚至自发地举行了一次古法创作的校内活动。他们逐字逐句比照着《天工开物》里的文字，用竹子的汁液与纤维造纸，用莲子壳给衣服染色，用蚕丝绕出流萤小扇。失败者多，即使成功的，也并不美观，可是少年们毫不在意，他们明亮如炬的目光，像是千年前的一盏盏烛灯，冲破漫长幽暗的岁月，走到了我面前。

最后一节课我们的主题回到了老庄，还是那只水击三千里的大鸟，还是那位驭咒缓缓走过函谷关的老人，少年们却不再是初见时的敷衍，而是聚精会神，潜心专注。下课时，我走下讲台，隆起的肚子遮住了视线，一脚踩空，差点儿摔倒，引得全班惊呼。前排眼疾手快的男孩扶住我后说，同学们要用《天工开物》里的方法给小妖做一件衣服，庇佑他平安。我高兴极了，交代他们千万要细心，做丑了我们小妖可不穿。

与少年们短暂的师生缘分就这样结束了，我以为我与《天工开物》的缘分也结束了。出于不舍，闲来无事时，我便给它的作者宋应星编了许多小故事。我的猜想里，他应当是一个一刻也闲不下来的少年，应当有一双很大的会滴溜溜转的眼睛，应当有健步如飞的身手。他在几百年前的街道上张望，在热气腾腾的作坊里穿梭，在叮叮当当的制造所里奔跑，他好奇地打量着这个人间，然后去询问，去探究，去琢磨，去记录，最后成了一本薄薄的书籍。他不知道他给后世子孙留下了什么，也不关心后世子孙能从这些晦涩无趣的文字里读懂什么，他只是在记录他看见的人间。

小妖在 2016 年的春天来到了这个世界，眼睛很大，对什么都好奇。我还没有准备好做一个实体的人类幼崽的母亲，正不知如何是好之时，一位陌生的编辑找到了我。她说她几经辗转，托几人介绍才联系上了我，想请我写一本书。我尚未出月子，原是要拒绝，可她说这本书是《天工开物》。

走马灯似的，我想起了很多零零碎碎的画面：我在书房里捧着它抓破头皮的画面，少年们皱着眉头盯着它的画面，它覆盖在我的大肚子上的画面……原来我与它的缘分，并未结束，只是开始。

做一本能让当代孩子们读懂的《天工开物》——这是一个多么棒的想法啊！将那些生涩的文字变得生动，加上同一种工艺的现代做法，再配上清晰明了、丰富生动的绘画，应当能讨得孩子们的欢心吧？我于是欣然应下了。

小妖一岁时，初稿完成了。手边的那本《天工开物》已经被我翻成了烂咸菜，每一页书纸上，每一行文字里都写了密密麻麻只有我自己才能看懂的笔记。封面却是一塌糊涂的混乱线条，那是刚学会握笔的小妖不满我总抱着书不抱他，所以胡乱画下的。

小妖三岁前，我们都深陷在频繁又冗杂的修改中。编辑老师一次次将审核意见返回，我一次次对着意见修改。文人总是自傲的，有时我也会焦虑暴躁，于是争执、吵架甚至赌气地说出了"你去找别人写吧"的话。但是一觉醒来，又坐在电脑前，打开文档，继续敲敲打打起来。

小妖四岁时，这本《天工开物：给孩子的中国古代科技百科全书》终于出版了。那时小妖已经进入了孔子书院的幼学园，刚磕磕绊绊地背完了《大学》《孟子》《道德经》，识字量很可观。拿到样书时，我有种不真实的感觉，恍惚中小妖把书拿了过去，按照老师教的，一边用小小的手指指着书，一边清晰地读出上面的字。我在自己幼子稚嫩的发音里，第一次听完了这本让我魂牵梦绕的书。

小妖五岁时，就在他五岁生日的那个春天，编辑老师说咱们的书拿到"文津图书奖"了。我的内心毫无波澜，并且告诉他，我早就预备着今天的一切攻击了。那天是愚人节，没有人会当真。到了四月中旬，编辑老师突然又问我机票定好了没有。我疑惑不解，他说下周要颁奖了，在北京，颐和园。大脑一片空白的意思，我在那天终于明白了。

小妖六岁时，他已经能把书中的 18 种工艺熟记在心，并且和小伙伴们高声炫耀了。一份快递悄然而至，打开是一本证书，这回是第七届"中国科普作家协会优秀科普作品奖"。一时心中激荡，竟望着它发了许久的呆，连爱人叫我吃饭都不曾注意。

在这短暂又漫长的六年时光里，这本书拥有过很多位编辑。怀着孕也在耐心找资料的何熙楠老师，毒舌爱吐槽却最能安慰我的何况老师，陪着紧张的我在颐和园领奖的刘玉一老师，体贴细心的王敬栋老师。离开的每一位，来时带着无限的爱意，走时背着重重的不舍，像李白诗里那些"事了拂衣去，深藏功与名"的侠客，把荣光留给了我这样似乎是最不辛苦的人。还有画手傅舫老师，她身在大洋彼岸，我们不得不隔着时差探讨每一个工艺的细节，那些撑着困倦在深夜等待微信亮起的日子，如今竟也觉得弥足珍贵。就是这样一群人，隔着千山万水，通过一根细细的网线，为着心里那个缥缈的执念，完成了这样一本书。

编辑们的执念是什么，我不知道。但是我的，大概在我扶着肚子踏上讲台的那一刻，就在我心里生根发芽了。

我想要更多闪闪发光的眼睛，想要孩子们灿若明灯的注视，想要一个个尘封在历史里的宝贝重见天日，想要千百年来许许多多在青史上熠熠生辉的少年重返人间。

我华夏，有名将，立马横刀，勇冠三军；有鬼才，运筹帷幄之中，决胜千里之外；有道君，传道如大江重潮天雷至；有儒圣，讲学如春风化雨润无声。列子《汤问》的笔锋，屈原《离骚》的浪漫，韩非的寓言，庄子梦蝶扶摇九天……我是一介书生，没有千秋家国大志，只有一支笔。

小妖如今已经八岁了，我们的《天工开物》也八岁了。他们一起被孕育，被期待，被爱意包围，然后出生，跌跌撞撞在这人世间长大。小妖不知道自己有这样一位"哥哥"，更不知道他的妈妈还在创造更多的孩子。书房里有很多他看不懂的奇奇怪怪的书，《山海经》《太平广记》《抱朴子》《坚瓠集》《子不语》《猫苑》《酉阳杂俎》《洞冥记》《白泽图》《新齐谐》……我的执念，大概就是这个，为了他这样的少年的目光。

（龙　逸　动画编剧、作家、国学老师）

书写文明的创造者

——有关科学家纪实文学的一些思考

随着整个社会对科研领域和科学家科研工作的日益重视，科学家向公众展示自己科研历程与足迹的意愿愈发强烈。近年来，与科学家工作及生活相关的纪实文学和传记文学也越来越多，无论在创作界、评论界还是科技界，都逐渐成为一个值得重视的领域。

2021 年 7 月，我历时三年半创作出的院士传记《郭光灿传》由科学出版社出版。这部传记出版次年获得第七届"中国科普作家协会优秀科普作品奖"科普图书类银奖，并入选"新华书单第 27 期"及"中国科普作家协会推荐原创科普图书（100 种）"。

一、《郭光灿传》创作与出版始末

起初，是中国科普作家协会科普教育专业委员会副主任兼秘书长、安徽教育出版社编审杨多文的牵线搭桥。杨多文是中国科学技术大学校友，以前对郭光灿院士就有所了解，与我更是有过多年的出版合作。当他了解到中国科学技术大学教授、中国科学院院士郭光灿希望出版一部传记后，马上就想到了我。

杨多文非常清楚，这种全方位描述科学家的作品，需要作者既有一定的理工科背景，又有足够的文学创作能力。此前我主要从事科幻文学创作，同时也创作一些科普作品，近年来也采访过不少科学家，有一些相关纪实文学作品问世，例如，描写国家最高科学技术奖获得者李振声院士的《麦浪如歌》，描写植物分类学家刘全儒的《解密绿色档案：植物分类学家带我去探索》，描写超声医学专家贾立群的《"贾立群牌 B 超"》，描写肾病专家汪涛的《三月第二个星期四——从腹膜透析走向"慢性病治疗与管理"的汪涛》，描写新疆和田水利专家王蔚的《夸父的手杖》，等等。

2017 年暑假我赶赴安徽合肥，在中国科学技术大学拜访了郭光灿院士。当时我与郭院士约定，三年为期，共计 30 万字。受各种因素影响，实际成稿完成时间是三年半。传记于 2021 年 7 月正式由科学出版社出版，成稿篇幅 33 万字。我本来拟订的传记题目是较为诗意的《光灿人生》，不过院士传记的出版有一个固定模式，所以最终定名为《郭光灿传》。

二、准备：全面了解科学家及其科研工作

准备工作的最前期是大范围的背景调查。作者自己对该科研领域是否有所了解，对此的表达能力能否达到一定水准，以及资料寻找路径、采访对象的情况等诸如此类的琐碎事情，都需要通过初步调查来判断。

正式决定为郭院士写传之前，我做过一些调研。一般来说，任何人难免都有某种程度的负面评价，这也完全正常，甚至有些根本不是本人的原因。对于调查到的大部分事情，我们是能够凭借自己的分析做出基本判断的，不必人云亦云，盲从轻信。而涉及学术的问题，我就不敢轻易判断了。这些问题不解决还是难以开始创作的，所以，见到郭院士第一面后，我就坦率地请教了这些问题，并得到逻辑清晰、条理分明的答复。尽管我还不能马上就把这些科学问题理解透彻，但至少此时我已经知道应该如何处理这些问题。

一般来说，采访对象除了传主本人，还应该包括其他相关人员，比如亲属、昔日的同窗、当下的学生、同事等。而且应该注意了解不同时段、不同领域陈述者的意见，甚至包括一些观点相左者的反面意见。

为了准确起见，采访时应该录音，但也不能单纯依赖录音，同时还要用笔做好记录，双管齐下更加保险。在录音之前一定要对被采访者予以明确提示，并要告诉他这只是为了方便记录，会保护基本隐私（当然被采访者有时还是可能会因此在叙述上有所顾虑，进而在叙述中有所保留）。当对方希望停止录音时，或者采访者自己判断应该停止时，应该把录音装置暂时关闭。记录时最好不要打断被采访者，采访过程中一定会有听不清的情况，尤其涉及一些人物姓名或专有名词，可以暂时将疑问标注下来，积累一段时间、一定量之后再统一提问。采访中屡屡停下来提问不仅会打断被采访者原本连贯的叙述，更有可能打断其思路。

三、考证：客观展示科学家的科研生涯

为写好科学家纪实文学，采访之后、完稿之前，还有无数工作要做，其中很重要的一项工作就是考证。

客观资料的考证还相对简单，麻烦的是被采访者的叙述自身可能不可避免地存在疏漏与错谬。平心而论，即便是所有的被采访者都以一种坦诚的公心客观陈述，仍有可能出现很多因记忆缺失所造成的错漏。有时可能是被采访者记错了、忘记了，抑或是本就不太清楚细节，所以即使是当事人的记忆也未必准确。加之人的记忆有选择性倾向，往往倾向于对自己有利的一面，有时会自我美化，有时会因对某些人或事的好恶而影响叙述完整，有时甚至会有意遗漏或刻意隐瞒某些事情，以春秋笔法加以叙述……上述诸多原因所致，所有口述资料都需要重新加以考证。

将访谈内容与书面资料比对也相当重要。相较个人记忆和叙述，一般情况下书面资料更具可信性。当然，有些书面资料也会存在一定程度的问题，比如局限于历史年代的叙述方式与结论，或此前的书写者为了叙述方便而做过技术性处理，有时还会存在笔误等问题，这些情况下反倒是当事人的直接述说更为准确。究竟何者更接近于真实，需要具体分析，所以，与其说是比对，实际上采访所得和书面资料接近于互相佐证的关系。

在这一点上，与郭院士的合作是十分愉快和顺畅的。首先他的记忆力极好，叙述时也具备格外清晰的逻辑，最重要的是他尊重作者意愿——除了涉及真实性的问题，他对作者的创作不做任何干涉。

四、取舍：在文学性与科学性之间做好平衡

传记创作一定会涉及一个问题——文学性与真实性可能会发生冲

突，有时甚至是严重冲突。与虚构作品不同，当文学性与真实性同时摆在纪实文学作者面前需要取舍时，毋庸置疑，真实性必须是第一位的。在我看来，能够做到没有一点虚构也依旧具备可读性甚至文学性才是最为可贵的。

区别于一般题材的纪实文学作品，科学性在与科学家、科学研究相关的纪实文学中也相当重要，而这就需要作者掌握大量的第一手资料（若实在没有条件，不得不退而求其次，即挖掘大量的第二手资料）。

科学家纪实文学中对科研理论描述的最高境界是作者对其完全了解，不过这种要求实在强人所难，毕竟那是科学家花费了无数心血和精力的结果，其中凝聚着大量的专业知识，假如这些理论知识很容易老幼皆懂，那也就无须科学家来研究了。所以，作为与科学家隔着行业的纪实文学作家，只能尽量学习并解读，尽自己最大努力将其浅显化和通俗化。因而，在叙述中，穿插适当的专业知识进行科普是非常有必要的。但切记不可随意乱解，假如做不到对科学家所研究的理论一定程度上消化理解后进行通俗化翻译，倒不如将相关资料直接抄录留存（尽管这实属下下策之举），以免产生错讹。

五、构造与细节：形成有逻辑的证据链

昭显文学性，主要来自构造与细节。对此我曾深受一部纪实作品影响——2007 年荣获"普利策奖"的《巨塔杀机：基地组织与"9·11"之路》。这部作品的最终落点是"9·11"恐怖袭击事件，但开篇却从 20 世纪 40 年代写起，纵贯半个世纪的历史。后半部分描写特工人员对恐怖分子功亏一篑的追踪历程，其紧张程度丝毫不亚于一部精彩的侦探小说。为此，作者钻研各种资料 5 年，走访多国进行了数百次采访，最终才得以完成这部巨著。我一直将其视为自己创作纪实文学的标杆。

纪实文学的构造类似于小说的结构，同样需要各种起承转合。写纪实文学时，我创作小说的经验派上了很大用处。特别值得一提的是，在构造的时候一定要注意事物发展的基本逻辑。另外，开篇部分需要抓住读者，因而十分重要，在此也格外强调一下。

无论侧重真实性还是文学性，各类文学作品的成功很大程度都取决于细节，纪实文学或传记文学自然也不例外。重视细节，还有一个原因是为了逻辑上的完备。许多采访资料是杂乱无章的，甚至时间顺序相对含混，这就意味着其中隐藏着逻辑错乱问题，需要作者详加梳理，重整秩序。所以，追求细节、完善逻辑是纪实文学作者的一项重要工作。将散乱的材料串联起来，形成有逻辑的可叙述的证据链，无疑需要一定的功力。

六、真实性：不去刻意神化科学家

最后还要再次强调真实性的问题，因为这是一个非常重要的问题。

在采访时，一定要请被采访者畅所欲言，并且保证陈述真实，这一点毋庸置疑。但创作环节中，作者使用材料却应该有所取舍。这种取舍，有文学构造的因素，有叙述形式的因素，还有一个很重要的因素，那就是被采访者的自身意愿——并不是所有人都愿意详述所有事情并将其全部公之于众。

所以，我在采访时的策略是：首先，请被采访者尽量畅所欲言，但其所述我未必都会落笔成文；其次，即便是我觉得某一事实十分重要，回去先行创作（其实在创作之前最好事先问清），被采访者审阅后感觉不妥，仍可以去掉。需要说明的是，这里的"去掉"，并非隐瞒和篡改。

关于科学家的缺点、不足甚至某些很可能遭到非议的问题的处理，我在接受中国科学报的采访时曾这样回答："这是一个现实问题，目前恐怕没有什么好办法，至少在大的方面不好改变，只有在细节方面做到尽量不神化。所谓的不神化，就是不去刻意神圣化科学家的一些举动。"在当前的大语境下，"不神化，基本上只能做到——他说的，不实的，我不写；而做不到——我知道的，他不愿意写的，我还写。"我觉得这是一个相互信任的基本底线，也是当下的一个基本现实。假如有作家能够以"完全真实"为基本原则完成作品，我表示敬佩，但这确实很难操作。当然，假如是一个完全不依赖科学家本人的传记创作，那么也许可以不像我说的这样做，不过仍有可能承担法律和道义上的麻烦。这是一个无可回避的事实。

关于这一点，我只能说郭院士做得极好，他的所作所为让我充满敬意。因为他做到了，有些他未曾提及但我自己考证出来的资料，不管是否符合他的意愿，只要真实存在，他都一字不改。事实上，在我请他最后核定定稿时，除了完全偏离事实的硬伤，他几乎未做一字改动。

七、结语

与郭院士接触，在不同的阶段有着不同的感受，或者可以说存在着三重境界。

近距离接触之前，他是一名院士，具有中国最高学术称号的科学家，似乎离普通人很远很远，对普通人来说这是一个过于高大上的人物，不食人间烟火，只能远观仰视。

在有所接触之后，就会发现他也是一名普通人，一名再普通不过的普通人，同样也有喜怒哀乐，同样也有性格与脾气，甚至还会有普通人身上的各种缺点。

然而继续深入接触之后，又会发现，他与普通人还是有着很多明显不同的；在他身上，还是有着许多常人难以企及的素养——无论是面对问题时的敏锐，还是判断事物时的准确，都非常人所能及。而这，才是他更为显著的本质特点。比如同样是家国情怀，普通人对于爱国的表达，也许是以一种热情奔放的方式来进行；而郭院士的表达则不尽相同，他会通过更为宽阔和理性的视野，从科学发展的角度，以认真踏实从事科研的方式，体现自己对祖国的这种深厚感情。同样是面对祖国科技相对落后的状况，有人也许只会捶胸顿足、抱怨连天；而郭院士的做法却更为现实和具体，他会思考如何在最短的时间里以最好的方式进行赶超，逐渐改变这种落后面貌。

是的，郭院士本人，以及他那些志同道合的同志，一方面是为国为民做出无数奉献的著名科学家，一方面也是芸芸众生中极为普通的劳动者。这部传记所依据的材料，除了少量的官方文件，大多数来自这些人的个体记忆。但正是这些无数个普通的个体记忆，构成了我们民族与国家的恢宏历史。正是千千万万像郭院士这样个体的不懈努力，编织出我们民族的纵横经纬，构成了我们国家的牢固基石，铸建起人类文明的宏伟大厦。

（星　河　北京作家协会专业作家）

《实验室的魔法手册》创作手记

如果你经常关注化学科普，应该听说过我的作品。我的科普作品大多是视频形式的，截至目前，我已经创作了许多个系列的视频，比如"疯狂化学"系列、"实验室的魔法日常"系列、"解构自然"系列、"色彩重铸"系列和"天然魔法研究会"系列等。此外，《如何用 11 步从二氧化碳制淀粉》《如何打造爆款锂电池》等单独的短片也收到了广泛好评。所有的视频大家都可以在网上找到，同时也有很多一线教师已将这些作品用于自己的课堂教学等领域。

作为一个 90 后，我最早接触到科普这个行业完全是机缘巧合。我从小就对于化学有着浓厚的兴趣，因此经常往家里鼓捣一些化学试剂或者仪器之类的东西自己做试验。当然，那时作为一个资深"熊孩子"，各种小事故也没少出。基于自己的兴趣，我在初高中时期就有了拍摄化学视频的想法。于是，在高考结束那年，我创作了名为《疯狂化学》的视频。虽然以我现在的眼光来看，这部片子的各项水平都很一般，但当时万万没想到这部片子在网上突然火了起来，大家都期待我把这部片子延续下去。结果，原本作为我告别化学的纪念视频，变成了我科普之路的起点。尤其是 2013 年，《疯狂化学 2：元素奇迹》首发后 8 个小时便登上了 B 站的首页，在当时成为国内化学科普视频中的标杆作品之一。后来，人民邮电出版社的编辑通过这部片子联系到了我，问我是否愿意出一本《疯狂化学》的同名图书，于是我的第一本书就这样在大学毕业那年出版了。在创作视频《疯狂化学 2：元素奇迹》的时候，我删掉了解说中除物质名称之外的全部化学名词，以便观众抛开那些可能晦涩难懂的概念，直面化学之美。而在后面的这本《疯狂化学》中，我也延续了这个想法，尽可能多地删掉化学名词，并重新拍摄了大量图片，意图将大篇幅的图片作为书的主要内容，减少文字在其中带来的"干扰"。编辑听说我的想法后认为，很多读者在拿到一本图多字少的书时会觉得书很空洞，但当时我没听。后来的事实表明，这位编辑说得确实对。这让我开始考虑一个问题——我的这些作品的真正受众是谁？

科普作品的一大特色是在创作的时候一定要确定一个受众群体。虽然也有些科普作品在受众上没有特别明确的限制，但是科普包含许多知识点，尤其是面对儿童、青少年的科普作品，要考虑他们的认知水平，考虑相应阶段的课程标准，就算是同一个知识点，给小学生、中学生还是大学生讲，方法是不一样的。所以，在经过无数次调查与试错之后，最终我将作品的主要受众定为了中学到大学阶段的学生。尽管我的很多作品被一线教师带到了课堂上，但我一直认为，科普不要试图去抢课堂教学的工作，毕竟科普的作用是在读者对某一事物感兴趣的时候把人"勾"过来。

中国科学技术协会打造了"科普中国"项目后，新华网科普频道作为承办方之一，通过出版社找到我进行合作。"实验室的魔法日常"系列视频就是其中之一，而这次有幸得奖的科普图书《实验室的魔法手

册》也是在这个过程中同步开始创作的。

在准备创作这个系列时，我问了自己一个问题："有什么是我当年希望拥有但却没能拥有的东西？"

这便是我的创作初衷。

自打接触化学开始，我一直在渴求着更多的化学知识。我当时在一所硬件条件还不错的重点高中，学校里有一个带有四层书库的图书馆。我自告奋勇去当了图书管理员，每天忙完其他同学的借书事务之后就会跑到书库三楼那排摆满化学书的架子前，翻阅每一本我感兴趣的化学书。在这个过程中，除了学习知识，我也格外注意有没有什么我能自己试一试的、有意思的实验。毕竟自己当年悄悄攒零花钱买了一大堆化学试剂，如果只是重复课本上的实验，总感觉缺乏趣味性。自那时起，我就开始收集所谓的"趣味化学实验"了。然而问题在于，当时的互联网上虽然也能查到相关内容，但很多文章是互相转载甚至洗稿得来的，在这些已经找不到源头、不知第几手的"趣味化学实验"文章中，有些实验的危险性实际非常高，甚至今天的我如果去做那些实验都会感到害怕，更不必说刚开始对化学感兴趣的初学者了。所以，如果要提到当年的我想要拥有的东西，无疑，就是相对完整的趣味化学实验资料了。

1789 年，拉瓦锡《化学基础论》的出版标志着现代化学的开端。自那时起，无数的化学家贡献了数不清的文献资料。上大学时，我一有空就会去搜索相关的文献。或从一个现象入手，找到几篇文献；或从文献的参考文献继续搜索，找到一本书以及更多的文献。大学毕业时，这样可以称得上"趣味实验"的资料，我已经收集了几百篇。所以，和新华网合作时，我率先就想到了这一批资料，从而策划了"实验室的魔法日常"系列，这个系列与之前《疯狂化学》删除全部化学名词、只保留化学美感的一面完全不同，它从较长的单一视频变成了一大堆很短、但集数很多的视频。"实验室的魔法日常"系列每一期都具备三个主题：实验介绍、实验做法、实验原理。视频创作需要把控时长与整体节奏，因此有一些相对不太重要的内容就必须删掉，而这些不得不在视频中忍痛割爱的内容恰好可以填入与视频同步策划的这本书里。

视频是动态的，而图书呈现的内容相对静态，因此这两种媒介在呈现同一事物的时候可能会产生非常大的差别，并且在不同事物的呈现效果上也不同。比如有一种溶液可以产生循环变色的效果，这一现象在视频中可以被很明确地展示出来，但静态照片的展示效果可能就会大打折扣；另一种溶液只会安静地发光，这一点通过静态的照片就足够展示，可以产生与视频同样的效果。所以，虽然是同一主题，创作视频和图书也会存在不同的侧重点。更何况在视频创作过程中，还可能会出现有关视听语言的特殊问题。视频中，镜头的衔接会带给观众不同的联想。举一个来自我自己的反例，《疯狂化学》中有一段介绍活泼金属与水反应，包括锂、钠、钾、钙与水的反应，在这后面我又接了一个镁粉点燃的内容，开始讲活泼金属的燃烧。尽管这部视频的所有试验都附带了化学方程式，在解说中我也明确说明了后面这个镜头是镁在空气中燃烧的实验，但就是在这种情况下，大量观众通过各种各样的方式问我"自己做镁粉与水点燃为什么直接就灭了"这样的问题。这便是视听语言上出了问题，这样的镜头组合使观众产生了我们不希望出现的联想，比如误以为前后两部分内容讲的是同一个实验，从而可能对知识产生误解，导致自己动手后实验失败。

当然，有很多事是需要试错的。在吸取了之前《疯狂化学》的教训，并听取了编辑和读者的意见之后，这一次的《实验室的魔法手册》动笔前，我就打算彻底放开去写。比起做成文献合集式的书，我希望能把一个又一个的实验串起来，便在书中引入了一条主线。这条主线会带着读者充分了解基础知识，也会让作品远离"文献合集"的堆砌感。对于那些和主线相关，却不太容易列在主线目录中的小知识，则是通过排版嵌入到正文的空白位置，作为主线知识的补充。

当然，这本书的重点自然是实验，在书中，所有的实验都有详细的步骤与原理解释。实话说，我是很希望读者能去试一试这些实验的，但是安全仍然是重中之重。中学阶段，我没少自己在家做实验，但不得不说其中有一些操作确实存在诸多安全隐患，现在想想就后怕。初学者做实验的时候，事先可能会去查清楚与这个实验相关的一切内容，但万一出现事故，初学者应对事故的知识和技能很有可能是不足的，容易酿成大祸。所以，现在的我不提倡一切自己在家悄悄玩的实验，更希望读者能在学校化学老师的带领下，走进实验室去尝试这些实验。当然，如果确实没办法去做这些实验也没关系，因为书中除了实验内容本身，还保留了之前《疯狂化学》中的绝对优势——拍摄了实验涉及的全部照片，就算读者不亲自动手，也能知道这个实验是怎么样的。同时，出于安全考虑，我在每个实验旁边配上了建议和我能想到的警告。有一些相对危险的实验，在谨慎斟酌之后，我还是最终选择将它们写出来呈现给读者，以确保这本书的内容能尽可能完整地呈现化学知识。

最终，这本书在以趣味化学实验为核心的基础上，既满足了读者们"想要更多知识"的想法，也没有丢掉我所擅长的视觉传达。经过细致调整，书里的每一部分内容、每一段文字既相互联系，却又彼此独立。如果其中的某一段以读者当时的能力看不明白，可以完全跳过去，不会对其他部分的理解产生干扰，待日后知识和阅历充足时还可以再回来重新阅读，从而使得整本书形成了一种"很完整的碎片化叙事"。

所以，如果要说我是如何创作这本书的，总结一下，除了跨专业的知识所带来的融合，对于我来说，也许就是真诚吧！毕竟我所创造的，是当年我上学的时候想拥有，但是没有的东西。

（杨　帆　科普作家）

继承与传承科学精神

——回顾"高登义科学探险手记"诞生过程

自 20 世纪 80 年代以来，我断断续续地撰写了一些关于地球三极科学考察的科普著作，诸如《乐在珠峰》《南极圈里知天命》《梦幻北极》《探秘大香格里拉》等。这些科普书大多向读者展示了我在地球三极科学考察的过程与收获。

2017 年，福建少年儿童出版社吴娟编辑约我撰写"高登义科学探险手记"系列。我们在讨论创作思路时，不约而同地想到，要把如何"继承与传承科学前辈的科学事业，秉承中华传统文化思想，逐渐获得新的科学认识，有所创新，有所发展"的实践过程生动活泼地展现给读者。

为此,这套丛书最后确定为 6 本,即《登极取义》《与山知己》《峡谷情深》《情系南极》《梦幻北极》和《见证北极》,而《登极取义》和《见证北极》这两本书的内容是我过去没有涉及的。

不过,要将上述认识落实到创作中,并非那么容易。

为此,我仔细翻阅了自己数十年科学考察研究的笔记本,特别是记录我与前辈科学家,诸如叶笃正、陶诗言老师等,就科学考察研究问题的对话记录。通过重温与科学前辈一次次对话讨论后的扼要记录,我慢慢有了点头绪。我决定从一个个科学问题的提出与实践笃行,理出一些重点问题。诸如,"珠峰气象考察与攀登珠峰天气预报关系""青藏高原对于副热带西风急流的影响""珠峰背风波动观测与发现过程",等等。在"继承与传承"的思路之下,我找到了一点线索,那就是从"中国山地气象学"到"中国山地环境气象学",从科学考察到科学普及考察。前者记录了我走向科学考察道路,后者则是我从科学考察到科学普及的践行,也是我从前辈师长的继承,向祖国下一代传承的印记。

一、珠峰气象考察研究与攀登珠峰天气预报

1963 年 8 月,我毕业于中国科学技术大学地球物理系,分配到中国科学院地球物理研究所第二研究室。1965 年底,我受命参加珠峰科学考察,室领导定的题目是"珠峰气象考察",组长是叶笃正和陶诗言老师,组员是我。在离开北京前,我曾经就此考察题目请教过两位老师。叶师要我把《西藏高原气象学》这本书带到珠峰,一边仔细阅读,一边参加考察,看看这本书中还有什么不足之处,再回京研究,发表论文,以补充西藏高原气象学中之缺陷;陶师则让我把近五年来的 3 ～ 5 月东亚大气环流形势图带到珠峰,一边考察,一边翻阅这些天气形势图,也许对考察研究有帮助。

1966 年 2 月，我带着两位老师推荐的资料来到珠峰北坡大本营绒布寺。与我共同考察此题目的队友是中国科学院兰州地球物理研究所的沈志宝。

走上珠峰科学考察与攀登珠峰天气预报结合道路。一天，中国登山队气象组讨论珠峰天气预报，彭光汉组长邀请我和沈志宝列席讨论。进登山队"气象会商室"后，我一眼就看见帐篷两壁悬挂的近三天来的逐日东亚环流形势图，立刻回忆起在中国科学院地球物理研究所第二研究室的"天气预报室"。

我们研究室重视天气预报实践。室里规定，凡本室研究人员，在进所的前三年必须参加天气预报实习。实习工作与中国气象局预报员完全相似，从分析环流形势图开始，到当班做一周天气预报。我当然也不例外。每次当班天气预报时，室里的前辈，诸如陶诗言、顾震潮、叶笃正、杨鉴初、朱抱真等我国天气预报权威们都要认真点评。三年的实践，三年中聆听的前辈点评，让我受益匪浅。可以说，那之后我就初步掌握了天气预报的思路与方法。

在登山队气象组预报员发言完毕后，沈志宝先发表了预报意见。

我遵循研究室前辈们的教导，首先认真翻阅近三天来的东亚环流形势变化过程，再根据副热带西风急流的运动特点，提出了未来三天的环流形势变化以及地面要素预报的最大可能性。

参加登山队气象组天气预报会商完毕后，彭光汉组长单独找我谈话，诚恳邀请我参加登山队气象组天气预报，并任命我为气象组副组长。

如此重大变化，我不敢做主。经过中国登山队领导许进与中国科学院考察队领导冷冰同志交换意见后，决定发电报到我所在的研究室商定。当时，我的老师陶诗言正主持研究室工作，他通过电报回复"同意高登义参加登山队气象组天气预报"。

现在回顾我的科学考察生涯，彭光汉组长是我走向"珠峰气象考察与攀登珠峰天气预报结合道路"的伯乐，而陶诗言老师是支持我走这条道路的决定者。他们，都是我应该终生感恩的人。

老师鼓励督促完成"攀登珠峰的气象条件和预报"论文。1966年6月，珠峰考察归来，我首先向叶笃正、陶诗言老师汇报。陶诗言老师要我写一篇关于"攀登珠峰的气象条件和预报"的论文，我犹豫，不敢写。情况明摆着，我国那么多前辈在中国天气预报方面做出了贡献，却没有一篇有关天气预报的论文发表，我缺乏写作参考。不过，既然是老师的要求，我只好认真去写。论文出来了，陶诗言老师认真帮助修改后，仍然没有达到他的预期，只好把题目修改为《攀登珠峰的气象条件》，老师也没有署名。

1975年春，我与登山队气象组同仁非常圆满地完成了攀登珠峰的天气预报。陶诗言老师要求我重写《攀登珠峰的气象条件和预报》论文。有了多次预报的实践，加上自己的潜心努力，终于向老师交了完美的考卷，《攀登珠峰的气象条件和预报》论文在陶诗言老师指导下完成，老师也在此论文署名第一作者。

这篇论文，后来成为世界登山家攀登珠峰的重要参考文献。美国登山队通过国家登山队王富洲把我的这篇论文中的关键部分翻译为英文，以便他们攀登珠峰时参考。

几十年来，我在攀登喜马拉雅山脉天气预报的制作中不断求真务实地实践，不断认真钻研，逐渐提高了天气预报水平。1984年春，我身兼观测员、填图员、预报员，为中国登山队攀登南迦巴瓦峰制作了准确的雨季开始时间预报、7天左右的中期天气预报和1小时以内的临近预报，被我国登山界誉为"西藏气象的眼睛""珠峰天气预报的诸葛亮"。

天气预报实践提供了一些研究珠峰气象规律的思路。1966 年制作珠峰天气预报期间，几位老登山队员告诉我，他们在海拔 7 千米以上攀登时，有时会遇到风速忽大忽小的巨变。为了保障天气预报更准确，也为了验证，我在 1975 年 5 月组织登山队气象组每天释放 6～8 个无线电探空气球，结果发现，的确存在风速忽大忽小的现象。

产生这种现象的原因是什么？我阅读了叶笃正老师的《山地背风波动》论文后受到启发，于 1980 年春专门组织珠峰背风波动观测，结果证明，果然是背风波动引起：在珠峰背风波的下沉区为小尺度高压，伴以大风；在珠峰背风波的上升区为小尺度低压，伴以小风。

至此，珠峰高海拔区域的风速忽大忽小变化现象不仅得以验证，而且找到了形成原因。这为热气球飘飞和直升机在珠峰地区飞行提供了预报思路。

二、继承与传承科学精神

以叶笃正、陶诗言老师为代表的前辈是我比较接近、也是我国气象界比较权威的科学家。无论是他们的科学观念、科研成就，还是他们身上的科学家精神，都是值得一代又一代科技工作者传承的。我希望通过自己的笔，通过自己的科普活动，去进行这个传承的实践。

春夏季珠峰对于大气的加热作用。1972 年，叶笃正老师恢复工作，立刻组织了久违了的学术报告会。那天，地球物理所三楼的大礼堂座无虚席，北京气象界好几百同仁出席了此次学术报告会。我被排在第一个报告，题目是《青藏高原对于大气环流和天气系统影响初探》。当我展示副热带西风急流在青藏高原上空的急流中心高度比其在南北要低 1～2 千米的示意图时，引起了叶笃正老师的兴趣。会议完毕，老师立刻请陶诗言老师一起，与我在 307 办公室探讨原因。老师一边思考，一边在我的科学考察笔记本上描绘草图，提出可能的成因是，青藏高原与它南北气温随纬度变化大于平均状况，引起热成风随高度变化大，表现为副热带西风急流中心高度下降。

为了验证，我于 1975 年春珠峰考察中，与登山队气象组配合，观测珠峰对于大气的加热情况和珠峰南北气温随纬度的变化。结果证明，珠峰观测站以北的南北向温度差异高达 5～6 摄氏度 / 纬度，远远大于气候平均值（0.8 摄氏度 / 纬度）。叶笃正老师推测副热带西风急流中心高度在青藏高原上空下降使南北向温度差异异常，引起热成风异常，这是正确的。

叶笃正老师对于我指出的"春夏季引起珠峰南北温度随纬度变化极大差异的原因是珠峰对大气的强烈加热（400 瓦 / 平方厘米），使得这里的南北向温度变化高达 5～6 摄氏度 / 纬度"这点，非常高兴。叶师坦率地对我说："老师要把学生引进科学研究的大门，但是，进门以后就得靠你们努力了。"在《科学通报》上，叶笃正老师和我联名发表了《春夏季珠峰在大气中的加热作用》论文。

山地气象学与山地环境气象学。记得是在 1978 年 10 月 21 日下午，叶笃正老师与我讨论关于我的"三定"问题。老师严肃地说："中国科学院注重'三定'，其中一定就是确定你今后在研究所的研究方向。你现在主要侧重山地气象的观测研究，今后，你要再去其他不同类型的山地科学考察，像贺兰山、峨眉山、泰山……在此期间，不仅要看一些中小尺度理论性文章，还要自己做一些这方面的理论工作。在 1985 年之前，完成一本专著《山地气象学》，你在中国科学院就能够站住脚了。"

但是，由于我的科学考察研究任务太多，没有按时完成老师要求。直到 2003 年，河南科学技术出版社约我写一本关于山地气象研究的专著。机会难得，我立刻与叶笃正老师商讨。经过两三次认真讨论，老师同意我的"山地环境气象学"的建议：不仅仅研究山地对于大气、大气环流的影响，而且要加入山地作用与自然环境变化之间的相互影响。为了让书名更响亮，出版社进一步建议改为《中国山地环境气象学》，并得到了老师和我的赞同。

这本专著于 2005 年出版。叶笃正、陶诗言老师亲笔为专著写了序言。

叶笃正老师的序言指出，"本书的创新之处在于开创了研究山地、大气与自然环境之间相互作用的领域，并取得了一些有意义的成果。在本书的第二篇中，指出了山地对于天气、气候和自然环境的重大影响，例如，雅鲁藏布江水汽通道作用对于青藏高原东南部天气、气候和自然环境的影响，横断山脉地区南北走向的山脉和河流分布对于这些地区气象要素和自然环境带特殊分布的影响，等等。"

陶诗言老师的序言强调，"在他从事山地环境气象学研究过程中，我一直支持他承担国家登山队的登山天气预报工作，支持他不断总结登山天气预报实践中的认识，写成论文。他把气象学家在大气环流研究方面的理论与喜马拉雅山脉地区的局地天气、气候特点结合起来，并把他在山地环境气象学研究中发现的一些山地天气、气候规律用于登山天气预报和短期气候预测之中，逐渐提高了预报准确率……在 1984 年春季，他承担了国家登山队攀登南迦巴瓦峰的天气预报工作；在 2003 年 5 月，他在电视台为中国登山队攀登珠峰作天气预报。为这两次登山做出了准确的天气预报，非常难得。"

科学考察与科普考察。如何把科学前辈的科学精神传承给我们的下一代？这是我应该思考实践的问题。为此，从 2007 年起，中国科学探险协会与北京青少年科技俱乐部活动委员会合作，组织北京高二的优秀学生到北极进行科普考察。其时，我担任中国科学探险协会主席，王绥琯院士担任北京青少年科技俱乐部活动委员会主任，双方商定，由时任北京青少年科技俱乐部委员会秘书长周琳与时任国际青少年科学考察部主任刘丽具体组织实施。

所谓科普考察，是以科学家北极科学考察取得的科学认识为基础，给高二同学提出实习考察的题目，在科学家指导下，学习野外采样、室内分析和撰写科普论文的过程。

2007年夏天，我们组织第一次北极科普考察。首先，我把我国科学家在北极地区科学考察取得的科学成果向这些同学科普，之后，组织大家讨论，先确定几个考察课题，然后由同学们自己选择课题，组成课题组。例如，北极熊生态环境调查研究，北极植物种类调查研究，北极冰雪、大气采样调查，等等。

为了训练同学们的实践能力，在野外，我们有相关科学家指导采样；在室内，我们邀请中国科学院有关研究所的科学家指导分析样品，指导撰写科普文章。

我们一次又一次地组织北京高二学生去北极科普考察，在科学老师的指导下，一次又一次地让学生自己野外采样，自己在实验室分析样品，自己撰写科普文章，潜移默化地把科学家前辈的科学精神渗透到学生们的心灵之中。

令我们惊喜的是，绝大多数同学的最重要收获并不是如何考察与撰写科普文章，而是认识到"自己不是现在家庭里的永远第一者"，"大自然永远是自己的老师"。

如前所述，这套丛书的重点在于继承与传承科学前辈的科学家精神。为此，这6本丛书，重点放在《登极取义》和《见证北极》两本。前者着重通过我在地球三极科学考察取得科学成果的过程来诠释

"继承与传承科学家前辈科学精神"的关系，后者则通过与北京高二学生去北极科普考察来诠释"传承科学前辈的科学家精神"。这一条继承与传承科学家精神应该走的道路，愿在今后的实践中得到检验，得到改进。

（高登义　中国科学院大气物理研究所研究员）

科学图式化的创作尝试

——"太空地图"系列的创作体会

我有一个梦想，希望孩子们的书桌旁和中小学教室里，挂上一张太空地图，让他们"立足中国、放眼世界、胸怀宇宙"。我相信，从小看着太空地图长大的孩子，一定会比其他的孩子拥有更加远大的理想，更强的人类责任感。

2020 年 4 月 24 日，备受关注的中国首次火星探测任务被正式命名为"天问一号"，该名称源于战国时期楚国爱国诗人屈原的长诗《天问》。紧接着，"祝融号"火星车成功登陆火星。2020 年 5 月 17 日，在荒凉的月球背面，"嫦娥四号"着陆器（这是人类历史上第一个着陆在月球背面的航天器）和"玉兔二号"月球车缓缓醒来，迎接它们在月球背面的第 500 个地球日。2022 年底，中国空间站正式建成，国家太空实验室投入运行。

中国在太空探索领域的一系列成就，在青少年读者中激发了持续的

"太空热"。而早在这股热潮之前，就已经有许多青少年对这一领域充满好奇了。"火星叔叔"的"太空地图"系列正是为了满足他们的好奇心而创作的，并期望它们能成为引导孩子们进入太空领域的钥匙和培养他们探索精神的天地。

宇宙那么大，你想看些啥？"太空地图"系列，包括一本图文书《太空地图：火星叔叔带你游太空》，以及四幅太空地图——《月球全图》《火星全图》《太阳系全图》《宇宙全图》。"火星叔叔"带孩子们漫步到宇宙尽头，探索未知的边界。

一、让孩子"仰望星空"

人类天生就有好奇心，希望了解未知事物，因此会对太空宇宙感兴趣。人们对太空宇宙的兴趣几乎不分年龄，不分学历，不分职位。

太空宇宙是自然界的重要组成部分。由于基础教育中天文航天课程的缺失，成年人与孩子对天文和宇宙的了解差别不大，甚至很多孩子的知识储备常常超过成年人。

创新是未来人才的第一素质，好奇是人类创新的源泉。太空探索的本质是鼓励创新、鼓励探索，使人类在认识宇宙的过程中用科学武装自己；探索太空的过程允许冒险，允许失败，允许人类的好奇心得到充分释放。有调查数据显示，中小学阶段参加过天文和航天活动的学生，今后更有可能选择科技作为职业，成为未来一代的科学家和工程师，且终生关注科学发现。

个人的未来，取决于我们对自身的认识程度，对社会环境和自然环境的认识和利用程度。而人类的未来，取决于我们对自然界的理解。除了生存必需，我们如今所享用的绝大多数文明成果都源于人类的好奇心。

地球已经不可能有新的大陆供我们去发现，也很难再有大规模的新物种产生。当我们对地球和地球生物的了解与日俱增时，就会对它们的存在越来越熟视无睹，甚至认为地球万物本该如此，没什么可奇怪的。就在我们对地球万物产生审美疲劳，试图把整个地球都数字化后存进电脑的时候，宇宙为我们打开了一扇窗，让我们再一次认识到世界之广袤和宇宙之无穷。

二、帮助树立孩子的"宇宙观"

我们经常说，一个人的前途取决于他的三观——人生观、世界观、价值观。所谓宇宙观，其实就是更大的世界观。

天文学是一门塑造性格的学科。满天繁星，不仅让我们深感好奇，更震撼着我们的心灵。一个仰望星空的孩子，所拥有的世界观将会与众不同。"太空地图"系列，是一线青年科学家献给孩子们的科普读物，将给青少年读者带来全新的体验。

孩子们是通过对身边的事物来认识世界的，所以他们的世界观实际上是当地观，如果能上升到国家观、地球观已经很不容易。但科学技术的进步一日千里，在望远镜发明之后的400多年来，人类发现了大量过去不曾看到的宇宙奇观和蕴含其中的科学原理。在进入航天时代以来的60多年中，人类进入了太空，建立了空间站，登陆了月球，未来20年还将登陆火星。

在火箭的推送下，航天器把各类仪器送到这些遥远的天体上展开探索，让人近距离地观察这些异星上的奇景。"太空地图"系列把我们对地球、地月系、太阳系、银河系，乃至整个宇宙的前沿探索的成果，以简单直观的图示方式展示出来，让孩子们从太空视角认识宇宙中的地球，从而体会到地球的独特性和不可复制性，认识到保护地球的重要性。

三、"太空地图"系列的"高、新、齐、美"

作为中国第一套"太空地图"，在创作过程中，我们集天文和航天知识于一身，力求体现"高、新、齐、美"四大特征。

所谓"高"，是指它的视角在地球之外。"太空地图"系列站在宇宙视角，认识地球和人类。从地球出发，先后探索月球、火星，然后是整个太阳系，最后是银河系和整个宇宙。配上学校里经常使用的中国地图和世界地图，学生认识世界的视野越来越广阔。浩瀚的宇宙，壮丽的星空，让人类的目光更加深邃，心灵更加宁静，道德行为遵守规则，为人处世态度谦和。

所谓"新"，是指它的知识内容紧跟时代。在《月球全图》和《火星全图》中，"火星叔叔"对人类探索月球和火星的过程，做出了细致入微的总结，连每个航天器的发射时间、降落位置都收录了。更有甚者，在图中还标注了各种自然景观的名称和位置，包括环形山、月海、山脉等。而在《宇宙全图》中，"火星叔叔"用图片与文字共同构筑了宇宙大爆炸至今的时间轴，看起来更为美观；还让读者从不同的电磁波窗口，看到同一个宇宙的不同景象，就像给一个人进行全面体检一样。这种以图说话的方式，在诸多的太空科普读物中，称得上是独一份。

所谓"齐",是指它涉及多个学科领域。在"火星叔叔"的倾力打造下,四张"太空地图"中包含了海量的、跨学科的太空知识。从八大行星的详细数据,到月相变化和火星探测的历史;从月球背面有没有外星人,到火星上的人脸是不是真的;从银河系的中心是什么,到宇宙究竟有没有尽头。读者感兴趣的问题,在图中几乎都可以找到答案。不仅如此,月球上以中国人姓名命名的环形山、火星上的地名和经纬度、宇宙中的"创生之柱"等颇有意思的太空知识,也会让读者大开眼界。可以说,一本图书和四张挂图,就可以让读者在家里拥有一整个宇宙。孩子们感兴趣的话题,可以在上面查到。而精美的图片则可以吸引他们,从一张图进入宇宙探索领域。

所谓"美",是指它的版式设计精美大气。作为挂图,它的设计称得上精美,别看知识点如此海量,压缩到一张图上,不仅没有拥挤感,反而显得大气,很好地诠释了宇宙的广阔。它的大小也相当合适,挂在卧室或书房里,让孩子随时仰望星空,掌握太空知识;挂在教室里,作为教具展现宇宙之美,或是让学生们在课后扩展学习,都是相当合适的;挂在课外活动室里,给学生们提供太空活动素材或参考,同样十分适宜。

四、科学性与可读性的兼顾

旅行是很多孩子认识世界的方式。《太空地图:火星叔叔带你游太空》,以模拟未来太空旅行的叙述形式,由行星科学家的化身"火星叔叔",作为本次行程的向导,带领孩子们乘坐载人飞船,从他们最熟悉的地球出发,先到月球,再到火星,然后是太阳乃至整个太阳系,最终冲出太阳系,飞越银河系,抵达宇宙的尽头。

轻松幽默的语言风格是该书最大的特点。比如,在回答"为什么太阳比原来胖了?"时,"火星叔叔"的答案是:它的胖是工伤——积劳成胖。在整个旅程中，"火星叔叔"用风趣的语言，深入浅出地讲述每个"景点"的各种景观。不仅介绍各种天体的详细数据，讲述它们的环境特征，更会揭示宇宙现象背后的奥秘，比如黑洞的成因、宇宙的边疆、冥王星为何被踢出太阳系"行星班"等。除去我们都很熟悉的八大行星、月球、太阳的种种画面，想知道太阳黑子什么样，想看看"宇宙大爆炸"的场面，想了解银河系的全貌……书中都能找得到。

当然，作为资深科学家，"火星叔叔"也不能只做"摄影师"。书中还有很多航天器的写实照片，比如载人飞船、开普勒太空望远镜等，满足了孩子们对于航天的好奇心。至于冰冷的行星数据，不用担心，"火星叔叔"看图说话，将它们处理成图片，与行星的外表相结合。这样，孩子们不用面对枯燥的图表，就可以直观地了解知识了。

通过"火星叔叔"的引导，仿佛把孩子们带到了太空中，让他们去感知，去了解，去认识不同星球的地形地貌、物质成分、表面环境、内部结构，就像在地球上游览一样。

五、挂图形式的直观展现

物质科学、生命科学、地球宇宙、技术工程是青少年学习科学的四大领域，而其中，地球宇宙是孩子们非常感兴趣，但中小学老师上课有畏难情绪的主要领域。为此，作者针对新发布的《义务教育科学课程标准（2022 年版）》，系统梳理课标中要求的学习内容，创作了《月球全图》《火星全图》《太阳系全图》《宇宙全图》四张挂图，把教科书中让中小学老师和学生们倍感困惑的月食、月相、八大行星等天文知识，以及太空探索的历程，都以挂图的形式直观展现。

"明月几时有，把酒问青天。不知天上宫阙，今夕是何年？"《月球全图》集中展现与月球这颗地球唯一的天然卫星相关的内容。作为离地球最近的天体，月球是永不坠落的天然空间站，是人类走向深空的前哨站。

"荧惑守羽林，震雷诧冬瑞。天象已云然，人事犹尔耳。"《火星全图》通过一系列图件的组合，集中展现了火星探测的最新成果。火星，作为太阳系中与地球环境最为相似的行星，是人类未来的希望之星，也是人类最有可能大规模移居的星球。

"日月安属？列星安陈？"《太阳系全图》让孩子们从遥远的深空看地球，认识到太阳系是一个大家庭。"水金地火岩石星，木土天海气态星。"地球只是阳光照耀下的一粒微尘，是位于太阳系宜居带中的第三行星。

"四方上下曰宇，往古来今曰宙。"《宇宙全图》使孩子们认识到，所谓的宇宙，其实是一切时间和空间、物质、能量的总和。

一图胜万言。在一些西方国家的中小学教室里、走廊上，我们经常能看到张贴着很多科学图片。这些图片融合了科学与艺术，既有主视觉设计，突出中心，又通过一系列图片和简要的文字，融合不同年级要学的各学科知识，是老师教科学、学生学科学的重要帮助。

由于我们历来不太重视科学图片，也缺少知识产权保护的意识，科学图片的创作在中国并不多见。基于这个原因，我们创作了"太空地图"系列科普图书，把国内外太空探索的最新成就，通过科学图片的方式，生动形象地呈现出来。把"新课标"要求的科学观念、科学思维、探究实践、态度责任四大核心素养，蕴含其中。

当然，"火星叔叔"不过是万千追寻宇宙梦的好奇者之一。从万户未实现的"升天"之梦，到阿姆斯特朗的"这是人类的一小步"，再到"勇气号"的火星冒险，人类在探索太空的道路上从未止步。浩瀚的宇宙、璀璨的星空、炽热的太阳、晶莹的月亮，无不吸引着孩子们的目光。他们憧憬着邂逅嫦娥与吴刚、惊叹于哈雷彗星的壮美、期待去火星安家的日子。"真的有外星人吗？""宇宙有边界吗？""宇宙之外是什么？"他们总是这样问"火星叔叔"。

但"火星叔叔"想告诉孩子们的，不只是数据和名称。在他看来，充满谜团的宇宙，远比我们想象得更加广袤；看似无比巨大的地球，在宇宙中不过沧海一粟。因此，太空之旅会改变人类的世界观、人生观和价值观，让我们在自然面前保持谦卑。

对孩子们来说，宇宙如同科技创新的跑马场，足以让人类的想象力和创造力尽情驰骋。而他们对太空的好奇，对宇宙的向往，对未知的探索精神，都需要有效引导。正如托勒密的星图、伽利略的望远镜，一套优秀的科普图书，可能就能让他们走上"寻访太空"的征途。"火星叔叔"衷心希望，这套书能让青少年读者勇敢追梦，通过实践与创造、学习与感悟，设计出新型航天器、月球基地、火星城市……将梦想照进现实，为人类的航天事业做出卓越贡献。

（郑永春　中国科学院国家天文台研究员）

《中国轨道号》创作始末 *

　　长篇小说《中国轨道号》是我 2020 年出版的一部科幻作品。小说获得了第十一届"全国优秀儿童文学奖"、第二届"少儿科幻星云奖"中长篇小说金奖，入选了"国家'十三五'重点出版规划项目"、2019 年"中国作家协会重点作品扶持项目"等多项奖励。在销售市场表现也很良好，一年内加印了 8 次，对一部科幻小说来讲，已经是很好的状态了。不过，对我这个作者来说，奖励和销售都只是一件事情的后续部分。因为创作这部小说用掉了我20 年以上的时间。

　　我是从 1978 年闯入科幻文学界

* 本文发表于《粤港澳大湾区文学评论》2022 年第 1 期，有改动。

的。那一年五月，我在《光明日报》发表了第一篇文章《别具一格——读叶永烈的科学文艺作品》。1979 年，我的第一个科学小品《给盲人一双眼睛》和科幻小说《冰山奇遇》发表在上海《少年科学》杂志。1980 年，我受邀参加中国科普创作协会科学文艺和少儿科普研究会哈尔滨年会，成为仅有的中学生代表。自那之后，我立志从事科普和科幻创作，并撰写了一系列短篇小说。我的第一部短篇科幻集《星际警察的最后案件》于 1991 年出版。第一部长篇科幻小说是 1994 年跟郑文光合著的《心灵探险的故事》。这是我第一次接触长篇创作，内容则是把郑文光的三个短篇融合拓展成为一部长篇。紧接着，我自己创作的《生死第六天》则是把我自己的一个获奖短篇改写成了长篇。这本书出版于 1996 年，从那个时候开始，我就准备写一本新的长篇。

我是经历过 20 世纪 80 年代对科幻小说横加指责的年代的。在那个年代里，许多人说科幻小说不切实际，想入非非。科幻作家则对自己的作品不被文学界认可而焦虑。我就在想，我能否写一篇看起来非常真实，但却根本没有发生的故事，令各种质疑都在作品面前失去意义呢？这样我就想到了中国的载人航天事业。我们都曾经隐约听说，中国很早就开始过载人航天试验，但那个年代这些都是完全保密的。我能否虚构一个中国确实成功地在那样的年代里把人发射上天，但因为技术力量不足却无法返回的悲壮故事呢？我记不得这个想法是哪一天窜入我的脑海中的，总之我一下子被这个想法攫住了。我给这本书起了个名字，叫"中国轨道"。这是一个饱含寓意的名字，我相信这部作品将实现我把科幻小说写成跟现实主义作品读起来一样且充满史诗韵味的作品的梦想。

我旋即投入寻找各种资料的工作中去。那个年代有关中国的航天秘密，我只能从偶尔出现的零星报道、回忆录、报告文学作品中找到。我购买了大量的《航天》杂志进行阅读。有一本 1986 年出版的书，题目是《当代中国的航天事业》。这本书中提到，中国曾经进行的那个载人航天计划开始于 1968 年，计划名称叫作"曙光一号"。在那个年代甚至训练过航天员。对于航天员的生活，叶永烈曾经在上海《科学生活》杂志上披露过一点，还拍摄有照片。但仅有这些显然是不够的。为了撰写秘密载人航天计划，我必须参考更多国防科工计划的资料，而我所需要构造的宇航飞行的一些细节，则需要看更专业的读物。于是我对市场上的航天信息进行了疯狂收集，我购买了《科罗廖夫文集》和钱学森生平与科技创新方面的著作，还有一本关于世界火箭发射场概况的书。那个年代我还常常骑自行车去拜访作家郑文光。他住在和平里，去他家访问的时候我总会看到一个航天科研所的大牌子。我记得有一次我下决心要闯闯这个科研所，结果成功进入里面，还买到了一些内部资料，这其中就有四卷本的"国外航天事故汇编"，其中详细记录了数百个已经发生的航天事故。这本书对我的启发很大。

整个 20 世纪 90 年代的后半期，我都沉浸在《中国轨道》的构思和撰写过程中。但我高估了我的创作水平。一旦下笔之后，我就发现我对现实生活的把握能力比想象的要差许多。前前后后写了好几稿，虽然有的地方看起来不错，但总觉得还是写不到我所想象的那种深度。郑文光老师看过一些章节，觉得构思很好，他也在不同场合表扬过我的这个创意。但这部作品终究还是没有真正写出来。两个原因制约了我的创作：第一，我看了太多技术资料，已经无法从技术中把自己拖出来回到文学空间；第二，我对人物的把握太幼稚了，阅历浅薄导致我无法把人物的命运写得那么活灵活现。

进入 21 世纪之后，我的整个心情都因为这本书和另一本小说没有能按照我自己的设想成功被写出而苦恼。我几乎停止了创作，把自己的注意力大规模地转移到教学和科研工作中，在这个时段我仅仅写过几篇短篇小说。虽然我在撰写简历的时候总称自己为作家，但我真的没有怎么在从事创作。

这期间，我因为开设了国内第一个科幻课程，建立了国内第一个科幻学位，获得了国家社科基金第一个科幻研究项目而受到关注。许多出版社纷纷来找我，希望我给他们主编一些作品集。我也曾经接手韩松主编过 9 年的《年度中国最佳科幻小说集》。但别人一旦问起我自己能否写作，我就会回绝他们。我记得安徽少年儿童出版社当时的社长张克文带着自己的部下来找我。我当时还住在北京西三旗。我们在回龙观找了个饭店吃饭。到场的还有青年作家杨鹏。此后，克文社长的下属王利、丁倩等又跟我联系，希望我帮助他们编辑选集。同时他们也希望我来撰写作品，但我都以各种理由回绝了邀请。又过了一阵，听另一个作家说，他跟出版社的合作，就是让对方把自己过去的书重新出版一下。我想我也可以这样。于是，当责任编辑丁倩再来找我的时候，我就以这个理由作为回绝。但丁倩是个有心人，她马上答应了我的要求，把我之前的两个长篇加上一个短篇合集，作为他们社科幻系列的"时光球原创少儿科幻小说"的第一辑出版。这就是该系列中《心灵探险》《生死第六天》和《引力的深渊》的由来。感谢徐凤梅总编辑对这套书的关怀。

等书都出了，丁倩再来找我说，那您的新作怎么办？我觉得再也没有办法拒绝她的要求，于是我开始考虑重返科幻创作的可能性。这时候我又想到早就搁浅了的小说《中国轨道》。由于我没有写出这本书，但书的创作消息早就在业界传开，大家一直在期待这部作品。2001 年，有个电视剧还采用了这个名字，幸好影响不算太大。我还能重新回到这个作品上来吗？如果回到这个作品，我该怎么去写？而且，少年儿童出版社所需要的，一定是一本少儿题材的作品，原有的构思怕不再适用。但经历了这些年，我自己成熟了许多。而且，如果将少年儿童当成这个故事的主人公，那么航天科技就会退居侧面，成为一种背景，这在一定程度上也使作品的难度有所降低。想到这些，我决定接受这个挑战。

2018 年，我正式跟出版社说我可以写作这本书，我还把书名从《中国轨道》改成《中国轨道号》以示跟前者的区别。

2019 年 1 月，我提交了第一个梗概。当时我还没有把这个事情看得太重。觉得我写起来一定很容易。前两本小说写作的时候，我大概每天能写 4 000 字，所以我不急着动笔。而且，既然要写儿童科幻作品，我就应该有点新的追求。我想起 20 世纪 80 年代曾经看过日本作家宫本辉的《萤火河》，当时就特别喜欢这本小说的缥缈风格，还有中国台湾作家林海音的《城南旧事》那种怀旧感。曹文轩的《草房子》也给我很多启示，我把过去纠结的关于时代的问题想清楚了。其实，作品写什么年代都没关系，我们并非要去展现那个年代，而是要在任何一个年代中发现人性到底是怎样的，父母给我们的教育是怎样的，我们这些作为某个民族成员的人，自己的精神是怎样的。

渐渐地，我心中有了一点感觉，于是交给编辑我的第一个梗概。这个梗概只有四个章节的题目，题目是我随便想的，觉得它们很好听。我又给题目编了一些内容。按照这样的写法，我要写四个围绕第一次虚构的载人航天背景的小故事。四个故事之间没有联系，只是共享一个背景。

写好梗概我就又扔下这个事情去做别的。几个月过后，编辑又来找我，问我情况怎样。并且，他们还想向中国作家协会申报一个支持项目。我知道我不得不开始写作了。

《中国轨道号》的写作比预想的难。我写了一些章节，但发现铺垫太多了。要想说清一个远离今天孩子的时代的情况，我差不多要用半本书讲那个时代的各种背景。我太太看了稿子说，一点意思也没有，只有政治背景，没有生活细节，不像一本小说。她说的政治，是我写的那个年代中国载人航天的背景。第一章的初稿给编辑看了之后，他们也说要多写细节，过往的细节才是吸引孩子进入的真正的动力。我于是调整了写法，讲述了大量那个年代的故事。

最让我为难的，还是每一章看起来我知道会怎么发展，但到了跟前就发现其实还是缺少一些感人至深的东西。过去我写的科幻作品，关节点都在技术突破上。每每小说中的人置于窘困境地之后，科技发现会把他们解救出来，至多是通过勇气战胜恐惧。但现在，我写的是一本虚构的准日常生活的小说，人物关系和情感是故事的核心。我的短板立刻就暴露出来。

那些日子里写不下去是常有的事情。我又找来许多书阅读，从狄更斯到盖达尔，从《溯源中国计算机》到《军校学生的幸福》。但是，书也不一定就能给我灵感。每当这个时候我就紧张焦虑脾气暴躁，想要把故事拉向其他方向。但我太太跟我说，这是不行的。你不能总开始新的方向，这样下去无法跨过的壕沟永远都无法跨过！她的批评特别准确，我只好回到原来的路径，但突破自己的短板太难了。特别是在反复修改无果的时候，更是如此。

我们住在大公园一样的南方科技大学校园中。这个校园据说是两个自然村合并建造的，园中有九山一水。大沙河从园区缓缓流过，山上到处都是郁郁葱葱的树木，夏天这些树枝上总是挂满荔枝。当然，那必须是荔枝的大年成才行。我太太说我可以出去换换空气，她乐意陪我去走走。于是我们就走入这个色彩斑斓的世界。

虽然是在校园中沿着山路或者河边缓缓走过，但我全部心思都在作品上。我一点点把我的故事讲给她听，她就给我一些建议和提示。我太太是文学专业出身，对文学的理解和作品的分析比我更在行。就在这样的讨论、行走、观点对抗中，我逐渐找到了每一章的关键点。我记得小说的核心第三章，我写了好几遍，总写不到我要的那种感觉。后来也是我太太的建议，她说，关键的转折字数不在多，有了前文情节的铺垫，情感的流动和爆发往往只是一瞬间的事情。这个说法给了我很大的启发，我回来就闯过了那一关。等我把这个新改的稿子给丁倩的时候，她说看到那里她流泪了。

2019年1月，我的这本书在中国作家协会立项，成为次年的重点资助作品。10月，第一稿上交，在编辑的指导下我继续修改，前前后后写了多少稿我自己都记不住。总之，2020年12月正式出版前才定稿。写作字数是实际发表字数的两三倍。感谢编辑们认真修改，替我把握住了节奏。现在发表的稿子，有很大一部分都是他们的功劳。

在写法上，《中国轨道号》沿袭了我在20世纪90年代的想法，要把虚构的事件写得栩栩如生。我动用了我自己的回忆，把童年的许多往事，修改之后写在了上面。就连大院的名字、大人和孩子的名字、大院的大致构造，都跟我曾经生活过的那个天地相互重合，但所有的故事和人物都是虚构的。虽然这些故事和人物或多或少有一些现实的影子，不过如果你找到我的发小询问，他们会告知你故事的感觉是亲切的，但内容是陌生的。这一点就连我自己都觉得吃惊，我创造了一个本体论意义上的怪物，小说既真实又不真实，永远游荡在真实与虚构的边缘。我欣喜地听说，小说发表之后许多人都以为是真的历史。甚至有人认为，这部作品不属于科幻小说。我很早就反对科幻小说写得欧化和拗口，对儿童读者更是如此。所以，我尽量用简单明快的语言，并且希望把多重的科技、社会、文化内容植入作品之中。现在读者看到的故事有某种隐含的立体性，各年龄段的人阅读能从中提取到不同的信息，不同年代的人从自己的角度解码后看到的景色和想到的问题不同。这本小说不但让今天的孩子喜欢，还引发了50后、60后、70后和80后读者的阅读兴趣。

我觉得我创造了科幻跟回忆录结合的方式，相信这种方式能在未来很长时间影响到中国科幻的发展。当然，跟我想法一致的人也不止我一个。最近收到一本美国作家刚刚出版的《计算群星》，看内容也是写的过去。不过都是写过去，也仍然有许多不同，我自己定位《中国轨道号》是怀旧的未来主义。故事中的过去只是表象，未来才是内核。如果你亲自读上一读，就能知道我的话是什么意思。科幻作品不是对生活的摹写，而是对窠臼的挣脱。

以上是我对《中国轨道号》的写作和出版过程做的一个回顾。总之，这是一本酝酿了很久的书。写到最后，我感觉昏天黑地，都不知道用了多少时间。责编丁倩的前分管领导王利告诉我，说我写了三年了。我说你怎么那么清楚？她说，在约稿的时候丁倩生了一个儿子，现在孩子已经三岁。我这才清醒过来。期间，出版社也换了新一任的社长。我的这本书能获得许多读者的关注，要归功于张堃社长的大力推动。

感谢责任编辑丁倩、曾文丽。感谢所有的美术设计和画家为本书做了非常好的设计与插画，我特别喜欢插画家张德敏的封面。感谢饶骏、刘洋、北星三位专家对作品提出的修改意见。感谢儿童文学、科幻文学、航天科技、中小学教育方面的许多名家替我写了那么多书评。还有好多孩子，在不同场合和地点发表了对作品的评价。感谢"全国优秀儿童文学奖"和"少儿科幻星云奖"评委会将奖励颁发给我。最不能忘记的，就是感谢我太太给我的支持和帮助。

回到 20 世纪 80 年代的那些争论，大家就能理解我和刘慈欣、韩松、王晋康、何夕在内的这一代作家身上肩负的责任了吧？通过自己的努力为科幻正名，是我们这一代人创作的强大动力。

我们或多或少地做到了这一点吗？

（吴　岩　南方科技大学教授）

鉴往知来，砺行致远，用画笔弘扬科学家精神

——《中国第一代航天人：梁思礼的故事》绘本创作手记

2019 年 5 月，为了更准确地绘制东风导弹仰视图，我来到军事博物馆采风。这天恰逢一群小朋友来录制庆祝中华人民共和国成立 70 周年的歌曲，当《我和我的祖国》响彻庄严的展厅时，夹杂着复杂的心情，我的眼泪奔涌而出。如果没有这次创作《中国第一代航天人：梁思礼的故事》，看到眼前的这个庞然大物，我想除了敬畏之心，恐怕不会有如此强烈的代入感和荣誉感。借以此文和大家分享我的创作过程和感想。

一、缘起

时间回到 2018 年 9 月，"'共和国脊梁'科学家绘本丛书"的主编

张黎教授联系我进行绘本创作，我倍感荣幸，当得知我要著、绘的主人公是梁思礼时，更是喜出望外。梁思礼，我国导弹和火箭控制系统专家，中国科学院院士，梁启超最小的儿子。这是我崇拜已久的一位非常"有故事"的老院士。

绘本作为一类以绘画为主，并附有少量文字的书籍，是当下炙手可热的童书体裁。此前，通过绘制科学家故事漫画，我已经积累了图文创作的相关经验，起初我认为只是"画风"由写意变成写实，实际我对绘本的理解太片面了。

这时我还没有预见到自己会面临的诸多问题。如何将主人公一生故事的"起承转合"控制在 2 000 字内？如何用"浅语"向孩子们叙述一个陌生的时代，甚至"时代信念"？如何在短期内将这些高深的科学知识自学明白？著、绘一体的创作者如何发挥个人优势，又栽了哪些跟头？……千头万绪，先从积累素材开始。

二、素材——从量米下锅到找米下锅

梁思礼院士于 2016 年去世，很遗憾我没有见过他本人。

在中国科学技术协会"老科学家学术成长资料采集工程"项目办公室及馆藏基地的支持下，我得以直接看到整理清晰、摘要具体、年代跨越完整的原件资料：传主的 394 张照片、143 件手稿信件、105 篇报道、近 21 个小时的直接或间接访谈视频，已出版传记和自传，以及传主生前生活和工作中的各类物品。有过创作经验的人可以体会到接触如此多一手资料的喜悦。在这个"量米下锅"的阶段，资料查阅数量虽大但范围有限，是个做减法的过程。

不敢辜负这份幸运，根据创作需要，我继续"找米下锅"。通过各种书籍、纪录片加深对时代背景、控制系统的认知，通过去天津梁启超故居、军事博物馆等地采风让自己的画面素材更站得住脚。

三、行文——以儿童视角选材与叙事

绘本的页数较少,常见为 32 页,正文字数常控制在 2 000 字以内,叙事空间有限。因此,创作者对事件的选取须慎之又慎,还要对材料进行裁剪整合,合理地想象和扩充,以增进故事的戏剧性,而其根本依据仍是传主的真实经历,这并不是信手拈来的事情。

我在选取故事时采取了以下基本原则:一是选取儿童能够感同身受的身边事,如梁思礼童年时爸爸手把着手写字、亲子共读的画面,能够拉近读者与科学家的距离;二是必要的挫折教育,如东风导弹发射失败后,梁思礼不沮不馁,努力改造惯性制导系统,结果迎来了"长征火箭家族"的兴旺发达,更易于小读者明白"失败是成功之母"的道理;三是影响时代变革的历史事件,如目睹天津南开中学被炸对幼年梁思礼的冲击,如 1956 年国家制定《1956—1967 年科学技术发展远景规划》(下文简称"远景规划")牵动了一代青年的科研人生;更值得注意的是,"两弹一星"等大国重器的实验成功对我国在世界地位上的影响,也需要做出浓墨重彩的展现。

接下去就要考虑深入如何浅出了。几易其稿,最终和自己达成了如下共识。

首先,给孩子写书应俯下身子。儿童文学执笔者都会遇到一个困扰:应该放弃自己原有的文字修养吗?中国台湾儿童文学泰斗林良给出了他的答案:那是必然的。但他还指出放弃的仅仅是原有的文字素养,放弃的并不是文学的才能。可以没有华丽生僻的辞藻,但是要动脑筋使用生动的比喻、拟人、设问等方法,开门见山、托物寓意、层层深入……"浅"是需要修炼的功夫。

其次,弘扬科学家精神应共情。尽管我们隐藏着一个教育的目的,

但也要把对"善的追求"叙述得合情合理。我们并不能因为思想正确，就认为自己有权要求读者"受感动"。光说"我的苹果好看极了。你们应该相信我。请和我一起赞美这颗极好的苹果呀！"读者一定会十分讨厌你。如果不让读者感同身受地看到科学家的故事，设身处地地以他的立场抉择一次，甚至以他的身份活一次，读者又怎么会受他的精神感染？

再者，科普应授以"小"鱼和"大"渔。本书的受众定位是中低年级的儿童，该年龄段不易理解其中繁复的科学知识，所以我没有轻易打开"黑匣子"，只是介绍了某个原理的神奇之处和发现衍化过程之艰难。本书在版块设计上，除了正文，增设了人物小传、年谱、词汇园地、音频读本等拓展内容，书后还增加了中国科学家博物馆资料库链接，这些都扩大了本书内容的延伸性。我们需要承认大脑既不是堆积知识的仓库，人类知识的浩瀚与人脑容量相对狭小之间的矛盾也难以根本解决，引导孩子去一个更广阔的学习天地尤为重要。

四、作画——一图胜千言，下笔才有神

两次获得凯迪克图书金奖的美国画家芭芭拉·库尼对绘本有过一个经典的说法，她说："图画书就像是一串珍珠项链，图画是珍珠，文字是串起珍珠的细线，细线没有珍珠便不美丽，项链没有细线也不存在。"

现在，"细线"有了，要开始培育"珍珠"了。

画面的第一眼印象决定了一部作品的基础品相，也是诚意所在。绘本中的图画与一般意义上的插画并不相同，绘本中的图画具有独立性和主体性，其本身就有意义生成的功能和独特的"叙事"能力，并不是可有可无的。绘者在积累素材、采风、构思、绘制、后期加工、修缮的整个过程中，每一步都要带着极大的敬畏，认真对待每个细节，不留遗憾。所有的画面都是无中生有，还要做出多义性和隐喻性的艺术表达，这是一项艰巨的工作。

在正式绘制前，分镜头脚本设计工作是最难的。我会把文字分页简单装订好，然后反复翻看那些只有零星字迹的白纸，感受翻页前后会不会给读者应有的情绪对撞，然后再逐步调整文字和画面的布局，调整起承转合的节奏。脚本像是"纸面电影"，作为导演，我的使命就是运用绘本语言，激起读者的翻页欲望。在绘制脚本草图的时候，基于我个人的绘画风格和常用技巧，我会用"推拉摇移""异时同图"来制造丰富观感，如在饮冰室与父亲相处的细节，通过四个由近及远的分镜头体现

时间推进；或是用超现实主义实现"一图胜千言"，如钱学森带领梁思礼等青年科学家在"远景规划"指导下奔赴科研大阵地；或是通过蒙太奇手法增加叙事空间，如梁思礼在美国勤工俭学的画面，使用散落的照片和成绩单实现空间叠加。

需要注意的是，绘本中的画面终归是以阐释和推动故事情节为首要目的，绘者不应过度放大个人的艺术追求，或落入为拼接而拼接的俗套。必要的画面留白还读者足够的想象空间，给情绪的变化以容留之地。

脚本基本确定后，可以正式绘制了。接下来谈谈如何画人和画物。

画非虚构人物，离不开"像"字，但是在人物展开活动时，若同肖像画那样呈现"摆拍"的状态，将会非常违和。根据参照图片，

分析人物骨骼、肌肉走向，结合氛围光线，推导出传主年轻化、年老化、不同角度、不同情绪的面貌是绘制中常见的"考点"。除此之外，本书中除传主本人，其同事如钱学森、黄纬禄，我也都据实绘制了。

科学性是科普工作的立命之本。各个型号的导弹、火箭要画得准确无误，各种零部件、科学原理图不能有任何科技硬伤，这里不再展开叙述。来看看一些常被忽视的工作量，比如"服化道"：民国时期的男士长袍是左开襟还是右开襟？"的确良"面料的军服该是什么质感？老式手摇电话什么样？老厂房什么样？沙子眯眼的表情怎么画？绘者切不可脱离史料和实际主观创作。"历史因细节而生动"，这也是中国近现代科学史家樊洪业先生所一直强调的。

梁思礼院士的女儿梁红，在项目伊始就给予了大力支持，还特意为本次创作提供了梁思礼归国途中所使用收音机的手绘三视图，尺寸、材质都有明确的标注。梁思礼手中的道具即由此为蓝本绘制。

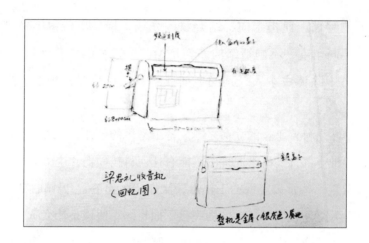

在本书创作之初，我的孩子刚刚上幼儿园，他很喜欢游戏书。从儿童喜好出发，我发挥了著绘双作者的优势，在绘本中加入了互动游戏。本书每页都藏有一个星球，出发点是借游戏引导小读者们和航天人们一起探索宇宙。尽管编辑提醒我，为了丛书的整体性，可能不会有版面揭秘隐藏星球，但我也由着自己的"童心"绘制了 13 颗星球。很高兴最后出版时采用了这个小创意，事实证明小读者们确实很喜欢这个"彩蛋"。如上图，隐藏星球木星在本页的左下角，你发现了吗?

五、责任——创作者的使命感与边界感

如果说严谨的故事逻辑和精美的画面是阅读的基本保障，那么出于对主人公的敬重，我坚信，有些画面是手拿画笔的我必须去实现的"使命"。书中依据史料重构了对传主极为重要的画面。如还原梁思礼与父亲梁启超的合影，梁思礼的博士学位照；呈现梁思礼看到的南开中学被炸时的黑暗时刻；展示梁思礼说过的他心中永远的美景——"东风五号"洲际导弹成功落入太平洋预定海域后，碧海上泛起的绿色波光……为展现这些画面，我在撰写文稿的时候，特意埋下调动情绪、烘托气氛的语句。

考虑到小读者的接受能力，我曾尝试用虚构、夸张的表达形式解释控制系统，将陀螺仪、发动机等部件转化为卡通形象，拟人化他们共同为导弹服务。但是任何零部件不是独立存在的个体，此概念与实际科学原理相悖，所以即便设计了很多卡通形象，也果断放弃此思路了。在后期不断复盘中，我找到梁思礼院士曾说过的一句话："控制系统在火箭里就像一滴墨滴到水里，它无处不在。"这是多么精妙的比喻啊！这个经历让我明白，科普的底线是绘画构思的边界，科普绘画要不断精益。

绘本创作过程本不是一蹴而就的，能在脚本磨合期间及时止损实属幸事，但是即便充分准备，有时也无法避免认知盲区。以绘制"东风五号"洲际导弹发射太平洋的事件为例。初稿以梁思礼"心中永远的美景"为蓝本，最大化地展现海面上的景色。但经审稿专家田如森老师点拨，此事件的精髓在于需出现"东风五号"的数据舱打捞成功画面，才能体现此项目的圆满完成。故而又增加了凸显"东风五号"壮观的仰视图、数据舱划出天际、"远望号"科考船和"超黄蜂"直升机前往打捞、潜水员打捞成功的分镜头。

六、感悟

我国的原创科普绘本尚在起步阶段，运作模式、编创经验、人才储备未形成规模，还需要时间去摸索和试错。编创工程中，我和编辑始终苦恼于以常规绘本的体量，不会加入这么丰富的元素；以传统传记的叙述，也不会舍弃这么多重要的情节；以主流科普作品的深度，又不会如此点到为止。

但实际上，我们也在与"主流"渐行渐远的路上，走出了一条新路，建立了属于科学家传记绘本特有的呈现方法。科学家传记绘本的科学基因与文化气质是先天性的，随着情节的展开，作品中蕴含的文化、历史、科学知识、科学精神也在无形中走进读者的心里。

在创作《中国第一代航天人：梁思礼的故事》的过程中，我的关注点更多在传主的个人成长，直到后续又创作了"'共和国脊梁'科学家绘本丛书"第二辑中《点亮原子梦：钱三强的故事》，第三辑中《乘风破浪的男孩：张炳炎的故事》后，我才进一步理解了丛书的宏大格局。

在人类历史发展的长河中，任何典型都是时代的产物，必然带着强烈的时代气息，必然受那个时代的经济、政治、文化和精神风貌的影响和制约。丛书以数位中国科学家"科学救国""科学报国""科技强国""科教兴国"的个人成长史，再现百年来中国现代科技事业曲折的发展进程，他们做出的不懈努力具有广泛的社会意义；同时，每位科学家又具有自己鲜明的个性，具有超越一般人的思想、精神和业绩，通过这种特殊去体现时代的本质和主流，成为时代的符号性人物，具有鲜明的个人价值。"将宣传对象置于历史的坐标上去理解和测度，紧扣时代脉搏，与时代同频共振，这样，就容易认识宣传对象的本质，把握宣传的方向和重点，扣响人们的共鸣点。"

本书已经出版四年，获评 2019 年中宣部"主题出版重点出版物"、第六届"中国科普作家协会优秀科普作品奖"图书类金奖、2020年"桂冠童书"主题图书奖、2022年"全国优秀科普作品"等奖项。杨芙清院士曾说："得奖就是画一个句号，句号放大就是零。"放下荣誉，创作本书的收获始终都鼓舞着我。

小人物绘制大人物。作为离大科学家很遥远的小科普创作者，想画好逼真、生动的科学家，最高超的技法就是把他们的音容笑貌刻在脑子里；想画出那个时代的故事，最诚恳的建议是自己去做"时代的移民"，以赤子之心投身创作，才能在平凡的岗位干不平凡的事。能够通过绘制科学家绘本深度了解梁思礼院士，是我的幸运。我相信，参与丛书的每一位同仁都是科学家精神的直接受益者。

小切口呈现大视角。中国科协名誉主席韩启德院士为丛书撰写的书评中指出，科学家故事，是科学家精神的具体化和人格化，也是科学家精神最有说服力的载体。为社会公众讲好科学家的故事，才能在全社会形成尊重知识、崇尚创新、尊重人才的浓厚氛围；为少年儿童讲好科学家的故事，才能引导他们热爱科学、献身科学，为中国科学作出贡献。

小支点撬动大发展。以本土文化读物滋养儿童精神成长，培养少年文化自觉、文化自信，是民族繁荣之根基。做本土文化读物，无法依赖引进版权，所以原创是必由之路，于我们责无旁贷。做原创绘本，道阻且长，需要坐得起冷板凳，下得起苦功夫。本书在用中国语言、讲中国故事、传播中国精神方面，为"原创性"作出了有益尝试，行则将至，中国原创绘本未来可期。

鉴往知来，砺行致远。借以此书，呼唤少年儿童成长为有志气、有骨气、有底气的能担当历史大任的时代新人。

（刘　阳　科普作家、科普画家）

中篇
编辑的魔法：
为孩子设计更有趣的科学之旅

导 言

如何打造出适合青少年的科普佳作？

从图书编辑和出版机构的视域来看，它其实是有一些特点和策略的。

首先，是要有创新性的选题策划。好的科普图书需要编辑以前瞻性的思维和敏锐的目光捕捉市场热点，然后组织创作团队来实施完成。青少年科普图书选题策划的过程，是编辑的主导性和判断力，与作者的创造性和知识性的有机组合。目前，优秀传统文化、前沿科技、科学家精神等是青少年科普图书的原创选题"富矿"，坚持儿童本位观，立足大主题、小切口，以生动的形式表现国之大者、民之盼者，精彩呈现国之重器和重大科技工程，讲好中国科技故事，是一条很好的路径。如《天工开物：给孩子的中国古代科技百科全书》，根植中华优秀传统文化，寻找有新意的科普创作切入点，将传统文化和现代科普有机结合起来；《中国轨道号》以少儿科幻小说的讲述形式，立足中国航天事业，传递植根于一代代航天人内心的航天精神；"'共和国脊梁'科学家绘本丛书"以适合儿童的故事内容和绘画形式彰显中国科学家精神，让科学家精神真正有骨肉、有血脉、有情怀。

其次，是要塑造品牌特色，打造专业产品线。要建立具有高辨识度、强读者黏性的青少年科普图书品牌，需要精准选取目标读者群，考虑适合他们的阅读需求、阅读偏好和阅读场景；同时，通盘考虑整个青少年图书市场的发展态势，结合出版机构的实际情况，寻找自身特色，在优势领域不断深耕细作，做到真正的差异化布局；此外，还需注重专业资源的深度挖掘、重新打造，引入新方法、新技术、新理念，从内容和形式上精心打磨专业性强的少儿科普图书产品线。上海少年儿童出版社持续探索与开发以"十万个为什么"为品牌核心的少儿科普产业链就是一个典型，他们打造了涵盖图书、期刊、电子出版物、网络平台、舞台剧、科普教育的立体化 IP 品牌，未来还会有更多拓展传统出版的发展空间。

再者，挖掘、培育、凝聚、协调创作团队。作者是图书作品的源头，作者的创作质量、创作精神、艺术表现力，对图书的内容质量具有不可估量的影响。青少年科普图书与儿童文学、绘本等有所不同，不仅需要有较强的可读性和艺术性，还融入了严谨的科学性，因此单独一位或数位作者往往不够，而是需要一个完整的创作团队，涵盖文字作者、插画师、摄影师、专家顾问等。这对青少年科普图书编辑提出了更高的要求，需要其在创作团队中起到良好的组织、沟通、协调的作用。编辑需要既有耐力，又有技巧，做好沟通的艺术，有理有据地提出自身意见，找到内容与形式、文字与图片、故事与知识的最佳融合点。

第四，是重视营销宣传推广，发挥品牌声浪。自 2021 年开始，以短视频为代表的新媒体渠道迅速崛起，在图书销售中的占比极速增长。短视频、直播等新媒体渠道创新了青少年科普图书的营销模式，青少年图书出版链条已从原来的"产品—渠道"变化为"内容—流量"。与以往"用户找书"的逻辑不同，新媒体时代的逻辑是"书找用户"。出版机构因此也需要加强技术赋能，深耕新媒体营销渠道，充分发挥其科普领域融合传播优势，瞄准核心受众群体，强化碎片化传播、轻量化传播，推动青少年科普图书"破圈""刷屏"。例如，科学普及出版社出版的《DK 博物大百科》不仅在微博、微信公众号、客户端、视频号、今日头条、抖音、快手、豆瓣、小红书等新媒体平台形成庞大的集群式新媒体矩阵，还通过东方甄选等宣推，成为近年来少见的青少年科普图书中的现象级畅销书。

最后，将"内容质量"放在首位，守护青少年健康成长。随着出版产业的发展从高速度向高质量转变，各大出版机构已纷纷将提升图书产品的质量放在首位。在青少年科普图书的出版过程中，如果出现意识形态、知识准确度、编校质量等方面的问题，会造成严峻的后果。出版机构要做好风险防控，将"内容质量"放在首位，强化青少年科普图书启智增慧、铸魂育人的作用。青少年科普图书编辑不仅需要具备敏锐的政治意识、深厚的文化素养、广博的知识视野、精深的专业能力，还要对出版工作怀敬畏之心，以高度的使命感和责任感发挥好青少年科普出版的引领作用。

"十年树木，百年树人"，期待我们共同以更多的精品佳作、经典之作、传世之作，为新时代的中国青少年打好坚实、美丽、永不褪色的底色。

（邓　文　中国科学技术出版社青少一分社主任、编审）

关于地球形状的一次科学探险历程

——《地球简史（儿童版）》编辑手记

时至今日，我们都知道地球是一个在宇宙中不断转动的球体，然而让人遗憾的是，我们对于这个知识的认知大多来源于书本，却不曾亲自探索过。

要知道，人类对于地球形状的认识过程十分漫长。身处于地球之上的人类，很难观得地球全貌，察得地球的运动过程。因此，从古至今，人类对于地球的各种现象的观测、记录、想象和推断从未断绝：有人说大地像盘子，有人说大地像方形箱子的底部，还有人说大地被一头巨大的水牛顶在犄角上，甚至有人把地球想象成是空心的球体……这些奇思妙想听起来虽有些怪诞，却也能自圆其说。

细细辨来，我们可以发现，这些想象并不是散乱无章的，而是具有很强的逻辑性。那么如何将古人的认知观、现在的已知结论和未来的探索串成一条线，穿越数千年的历史，带领孩子们去探索不同时代人们眼中的地球与宇宙，这是摆在我们面前的一个迫切需要探究的难题。"知其然知其所以然"，与其让读者选择被动的、填鸭式的知识接收，不如将整本书的叙述设置成一个"提出问题—解决问题—否定答案—重新构建答案"的科学探索过程，潜移默化地训练孩子的思维方式。

思及此，我们在《地球简史（儿童版）》这本书的封面，提出了这个统领全书的关键性问题——从何时起，人们认识到地球是圆的？

翻开本书目录，可以看到，书中将古人对于地球的认知用相似的图形加以归类。这是源于图形产生于人类认识世界和改造世界的需要。上古时期，由于生产力水平低下，人们的认识能力受到限制，远古先民们通过使用图式语言的形式记录和传递信息。可以说，人类从蒙昧时期发展到文明阶段，对世界的认知很大程度上有赖于眼睛直观的感觉——图形在这个阶段起了很重要的作用。要认识并了解人类社会的早期文明历史，更离不开图形。可以说，这些千奇百怪的图形是让我们得以窥得历史一角的金钥匙。这个问题的答案需要读者拿着这把金钥匙，开始自己的科学探索之旅之后才能得到。而这些古人关于大地的可能性设想也许也曾掠过读者的脑海，这一点点似曾相识的兴奋感将引导他们不断地探索下去。

一、状如岛屿的大地？

如果大地真的是一座岛屿，那么这座巨大的岛屿又是位于哪里呢？

它是否是被动物背在背上的呢？背负大地的是只有一种动物，还是好几种动物呢？

这种奇特的想法也许来源于远古时期，人们在经历海啸、地震等自然灾害后，无法对其进行合理的解释。于是，人们将其与相应的神话相结合，给出了最为"合理"的关于大地震动的解释。例如：在印度尼西亚苏门答腊岛西部的米南加保人的神话中，大地被安放在一个非常奇特的底座上，一头巨大的水牛用犄角顶着大地，这头水牛立于一颗巨蛋之上，蛋的下面有一条巨大的鱼背负着这一切。他们经历过的海啸、地震也许都是因为动物们没有背稳大地才导致的。

二、多边形的大地？

如果大地并非是一个岛屿，那它又该是什么形状的呢？世界各地的人们都观察到太阳东升西落这一现象，因此对自己身处的空间位置有了一些认知。有了这条想象中的东西线，再加上一条南北线，人们用这四个方位点勾勒出了大地的形状：也许是长方形，也许是正方形，也许是多边形，甚至可能是三角形……虽然这些研究结果仍没有脱离神话，使得其也许并不那么准确，但这种面对未知事物，勇于探索并发表自己见解的行为本身就是值得称赞的。

这一时期，最为出名的理论当属汉代刘安提出的"天圆地方"的理论。他认为，大地呈正方形，布局规整、完美对称，四边分别对应四个方位的基点。中国是大地正中央略呈长方形的那一块，分为九州，九州大地上还生活许多奇特的生物，例如龙。

三、扁圆形的大地？

除了上述的图形之外，大地的轮廓常常被人们想象成圆形，四面被海水环绕。这种说法曾在古希腊、波斯和巴比伦的神话传说中出现，在美洲、非洲和亚洲的传统文化中也屡见不鲜。

这些地区大都邻近海洋，而海上活动和定居农业这两种生活方式是完全不同的，这也造成了这些地区认知世界的独特视角。古希腊神话中，将大地描绘成了扁圆形，就像赫菲斯托斯为阿喀琉斯锻造的盾牌一样。在这里，奥德修斯在海上迷失了方向，结果发现了远方的陌生国度；赫拉克勒斯跑遍四方，最终完成了十二项伟大的任务；阿耳戈英雄们在太阳升起的地方——科尔喀斯王国寻找到了金羊毛……这些名字和事迹，每一个都是那么的伟大，他们给这个问题的答案留下无限的可能，让接下来的无数后辈踩在他们的肩膀上，继续向前探索……

四、球形的大地？

从古希腊的猜想到19世纪的科学发现，人类虽受制于有限的科学技术而未窥得这个问题的全貌，但在好奇心的驱使下，他们从未停下探索的脚步，这也使得他们离正确的答案越来越近……

从地中海到拜占庭帝国，从基督教国度到阿拉伯世界，一直有人把地球想象成类似球体的形状。有人认为地球是一个完美的球体，有人认为地球的形状像一只梨，有人觉得地球表面坑坑洼洼，还有人把地球比作金色的珍珠。

这一阶段，人们通过对这一问题的不断努力探索，获得许多的"意外之喜"：哥伦布在1498年第三次出海时，发现了一片新的土地；伽利略改良了天文望远镜，观测到了月球、木星的卫星和太阳黑子；达·芬奇从远古海洋化石的观察中得出"远古时代地球表面曾完全被水覆盖"这一结论……

五、今天的地球

直到 20 世纪末，地球的真实面貌才被人们逐渐发现：探险家完成了对地球表面的探测，地理学家和地震学家对陆地的形成和地震的诱因进行了解释，人们对地球的内部构造也有了更深刻的认识。天文学家估算出了地球的年龄，卫星探测出了大气层和地形，进行太空探索的宇航员带回了"蓝色星球"的图片。

这个问题的答案终于被解开了——地球并不是一个完美的正球体，而是一个两头扁平的椭圆体。而且我们进一步了解了依据现代科学技术所得出的科学知识：地球的天文年龄约 45.5 亿年；赤道半径约 6 378.8 千米；赤道圆周长约 40 075.02 千米……

由此，整个关于地球形状的科学探险历程就此结束。相信读过本书后，读者再一次听到"地球是圆的"的时候，会发出会心一笑，告诉身边的人："不同的地域、不同文化背景的人对地球的形状有着不同的认识，在他们的认知里，地球可不是一定就是两头扁平的椭圆体……正是因为有了哲学家对天空的思索，天文学才能快速发展，从而促进地理学派的建立以及地图的绘制成型，最终一步步引导当今的人们，得到了正确的答案……"

为了使读者能够有兴趣读下去，书中设置了大量充满知识性、趣味性的翻翻页。这种最简单、最纯粹的可动书形式，让小读者的手在翻开的一刹那，空间变换、时间加速、镜头变焦、动态捕捉、解释说明……一切随机发生。孩子可以去探索大地下面的世界，可以寻觅箱子中的世界，甚至可以去探查地球的内部构造。一切惊喜尽在于此。在阅读过程中，孩子既是这场科学探寻之旅的观察者，也是记录者和学习者。

　　当然，这些翻翻页也给我们的审稿工作带来了一些挑战：由于每页中翻翻页的位置并不固定，增加了稿件承接的难度，这就使我们在校对过程中需要反复前后对比。为了避免这种情况可能带来的疏漏，我们先整体梳理了稿件的脉络，确定了每个翻翻页的对应位置，从而提升了校对的效率，确保知识点的准确无误。之所以这样慎之又慎，是因为科普书籍的本质作用就是为了教育，让读者获得其感兴趣的科学知识。这样而言，为了确保读者接收的知识是真实的、准确的，我们对待书稿的态度再怎么慎重也都不奇怪了。

　　信息爆炸的时代，与所谓的资本流量抢这个为读者介绍科普知识的机会难吗？说实话，很难。但是科普不易这件事，又实属正常，似乎每个年代的科普读物都曾遇到过相似的问题。因而，我想身处于这个时代，作为一名科普编辑，只要踏踏实实做好自身该做的，为每一本书担好应担的责任，也许终将"守得云开见月明，静待花开终有时"，只愿我们的每位读者能够开卷有益。

（张靖雯　黑龙江少年儿童出版社第三编辑部编辑）

中华优秀经典的科普再造之旅

——《天工开物：给孩子的中国古代科技百科全书》编创手记

自 2020 年 8 月出版以来，《天工开物：给孩子的中国古代科技百科全书》受到业界的赞誉和读者的欢迎，更是收获了第七届"中国科普作家协会优秀科普作品奖"银奖。在着手准备写作这篇手记时，我特意整理了积累了多年的材料，正好看到了本书责任编辑何况的一篇编辑手记——《为了"不切实际"的梦想》。这篇文章把我带到了 2018 年我刚到童趣出版有限公司的那段时间，也正是团队创作《给孩子的手绘天工开物》热火朝天的时间。彼时，它的名字还是"给孩子的手绘天工开物"。

一、为什么选择《天工开物》？

正如何况在编辑手记里写的那样，"每个编辑，在刚入行的时候，总有一些'不切实际'的梦想，比如拿个编校质量奖、做本畅销百万的书、评上个优秀编辑。"最初我们的团队正是在习近平总书记关于"文化自信是更基础、更广泛、更深厚的自信"的号召下，围绕我国文化强国和科技强国的战略需要，从传统文化的宝库中，去挖掘有意义的、有价值的、有新意的科技类作品。

选择《天工开物》进行二次创作，是我们团队综合考量的结果。抬眼环顾，《西游记》《山海经》和"二十四节气"等代表中华优秀传统文化的内容，都有了童书版本。《九章算术》《水经注》《营造法式》《齐民要术》《天工开物》《梦溪笔谈》等都在团队的考虑范围。经过前期市场调研和数据分析，最终决定先从《天工开物》入手，其原因有三：首先，《天工开物》被誉为"世界第一部关于农业和手工业的著作"，在中国乃至世界科技史上有着重要的地位；其次，李约瑟先生是英国著名的科技史专家，他花费了 50 年时间写成了《中国科学技术史》，他也对这本书推崇备至；此外，本书还被收录进了《教育部基础教育课程教材发展中心中小学生阅读指导目录（2020 年版）》。

二、"十年磨一剑"——精打细磨出精品

《天工开物》里的农业、手工业，孩子们会喜欢吗？当时市面上《万物运转的秘密》《万物由来》等相关内容的童书销售都比较理想，这些童书都是从身边的东西讲起。如果以故事的形式展现 17 世纪的中国人制作身边东西的过程，那一定是一件既有意义又很有意思的事。几经商议后，团队决定采用手绘的方式为孩子解读《天工开物》。为了让孩子既能读懂文字，又能被插画所吸引，编辑团队与作者和插画师反复打磨，这一"磨"，就是三年有余。当然，直接对文言文进行白话翻译，出版价值并不大。童书出版人都知道，科学普及工作，往往不是减少术语那么简单，更多的是如何让知识可读、让画面有趣生动。所以，团队选取了上海古籍出版社的《天工开物

译注》这本书，作者是国内科技史研究专家潘吉星先生。这本译注采用的是《天工开物》最权威的版本，也就是初刻版，既有原文，又有比较准确的译文，为我们的绘本提供了重要且可靠的参考。这一点，也得到了一起全程参与策划的时任中国科学院自然科学史研究所副研究员史晓雷的肯定。

在选择文字作者和插画师的过程中，团队耗费了大量的精力。经过一遍遍筛选，最终，文字工作由儿童文学作家龙逸女士承接。龙逸是国内诸多国学文化类杂志专栏作家，赛尔号游戏主题官方小说签约作者，更是孔子书院特聘讲师，在历史文化及儿童科普领域有着专业的经验及知识储备。龙逸的加入，使这本书的行文既符合原著，又在以通俗的语言让儿童读透的同时，使他们产生浓厚的学习兴趣。

《天工开物》原书为线描本，黑白画稿，配图年代久远。书中的121张步骤插图，成了《天工开物：给孩子的中国古代科技百科全书》中插图绘制的科学范本。这本书的插画师由获得过国际大奖的插画师傅舫担任。创作过程中，傅舫女士给予了我们极大的帮助。虽然远隔大洋，身在纽约，但在本书的构图和图画解读方面，她作出的贡献是显而易见的。此外，为方便后期修改，我们对图画进行了细致的分层。因此在手绘时就进行了分割处理，这给当时的编创工作带来了惊人的工作量。这里所描述的"惊人"，实际上并不是指在数量方面，而是表现在解读工艺过程的农具、生产工具的准确度上，以及在确保解读曲轴、机

械关联的基本正确度上。

　　确定好合作与分工后，接下来便是对整本书的内容进行架构。经过讨论，团队一致认为，一方面，要把内容做扎实，前言和序是面向家长的，要把本书的精华展示给家长；正文是孩子看的内容，要好看、要准确；另一方面，要尊重原著，如果仅仅为了好看和通俗，让这本书和原著差异太大，变成了"同名作品"，也丧失了本书传播优秀传统文化的意义。

　　所以，本书遵从原著的 18 个主题进行了内容的编排，并甄选其中最具有代表性的内容，以孩子易懂的晓畅语言、风趣的表达方式及灵动的手绘插图呈现出来，并附有一些与原书内容相关的知识或现代技术作为延伸。这既能传承古代技术文明，又能适应现代视角，体验科技进步带来的各种改变。

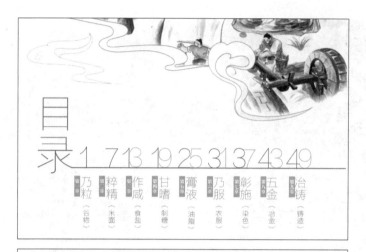

目录

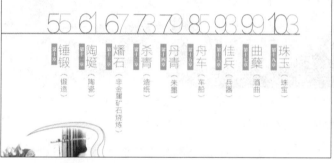

三、专家给了一颗"定心丸"

阅读儿童读物能为孩子日后漫长的学习打下基础，因此儿童读物的内容务求要做到精准，在专业性上尤其要严谨。为此，团队特别邀请了不同领域的专家全程参与策划，并提出指导意见。

2016年"卡尔·萨根奖"获得者、时任中国科学院国家天文台研究员郑永春为此书倾情作序，他评价道："这本书既忠实于原著，又求教于专家，用通俗易懂的文字、清晰的技术步骤，准确还原这些技术。绘者抓住技术核心，细致描摹刻画，以求再现当时的场景。为适应时代，在每一类技术的最后，还介绍了这些领域的延伸知识及现代科技的进展。"

时任中国科学院自然科学史研究所副研究员史晓雷全程参与策划并对知识把关。中国科普作家协会前副理事长、人民邮电出版社前总编辑陈芳烈，从编辑和科普角度提出宝贵的优化建议，确保能够打造出严谨权威、忠于原著而内容翔实的科普儿童读物。

在2019年的北京市科学技术协会科普创作出版资金资助项目评审会上，该书得到了与会专家的一致认可，同时也收获了诸多宝贵的建议。这次答辩会让我们的团队信心满满，也更加坚定要把这本书做好、做成的决心。

实际的创作过程远比我们想象得要难得多。在完成基础文字工作后，便开始了构图工作，但在构图过程中又发现文字需要调整。可以说，最初的稿子和成书相比，已是面目全非。在草图、线稿和上色阶段，又发现了很多原著不明确、白描图理解有问题的地方，于是大量的文字需要修改，整页的画面需要重新绘制。这样类似的修改工作一直持续到三审结束才算是基本完成。

四、一点小经验

原创图书的策划制作涉及编辑、作者、插画师和专家之间的沟通，编辑在其中的桥梁和穿针引线作用十分重要。尤其是技术百科类的科普绘本，推倒重来的频次很高。为了精打细磨出一本具有较高实用价值的优秀作品，编辑需要团结环节上的每个角色。通过本书的编制工作，我们的团队对原创科普绘本的制作流程也做了梳理，表面看起来过程并不复杂，但这就像一道 C 语言编写的循环程序，直到符合要求才能往下走。每个产品会遇到不同的情况，因此制作流程也需要多适配、多摸索、多总结，尽可能提高整体工作效率，才能尽快跟上市场的大潮。

精品出版战略是出版业务发展的核心，是出版高质量发展的"根"与"魂"，也是我们团队坚持的基本原则。无论装帧设计、封面设计、内文版式设计，还是选题方向、文稿质量、绘图水平，都追求一定的品质和基本统一的风格要求，品牌化理念被深嵌其中。《天工开物：给孩子的中国古代科技百科全书》作为我们团队在古代科技方向打造品牌的排头兵，承担着重要的引领作用。《天工开物》成书于近 400 年前，原著对如今习惯于看简体白话文的儿童来说较难理解。对其二次创作，我们团队的初衷就是让孩子们读得懂，读得通，读出趣味，读出中国历史悠久，读出集古人劳动和智慧结晶的古代科技文明，理解技术原理。一本好的青少年科普绘本，不仅要做到科普严谨，内容通俗易懂，趣味性更是必不可少。孩子天性活泼好动，想让他们静下心来在书籍上集中注意力，获取并消化更多的知识，那么书籍的趣味性和吸引力都不可或缺。《天工开物：给孩子的中国古代科技百科全书》这本书为了更好地适应孩子的天性，让孩子的注意力从声、光、色俱全的电子设备回归到传统的图书当中，不仅采用了复古手绘的头小、身大 Q 版人物以显妙趣，更是在书中添加了贯穿全书的人物线索，让孩子在读书的同时寻找贯穿全书的小主人公，集中注意力，培养观察能力。这种线索式的安插也能够让读书时光成为亲子互动的契机，孩子可在家长的引导和陪伴下共同享受汲取知识的乐趣。

诚然，成为一名优秀的科学家并非一蹴而就，而良好的习惯、丰富的知识、开阔的视野以及动手能力的培养应越早越好。衷心期望每一位接触这本书的小读者，都能从中收获丰富的知识、浓厚的兴趣和愉快的心情，让学习成为乐趣，让底蕴深厚的古代传统文化、古人科学技术的结晶得以传承，在现今时代熠熠生辉，再创神话。

正如前言所写的那样："我们希望有一天，中国的强大、中国梦的实现，伴随着我们对祖先记忆的唤醒，传承着我们伟大先民的智慧，让我们每一个人的脑海里，都有着中华民族生生不息的灵魂。"

（王敬栋　童趣出版有限公司科普出版中心主任、编审）

数学的理性力量与感性浪漫

——《微积分的力量》之编辑所见

一、价值：出版一本微积分普及读物的必要性

有一种罕见而有趣的历史观点认为，世界被一个神秘的数学分支彻底改变了，它就是微积分。没有微积分，我们就不会拥有手机、计算机和微波炉，也不会拥有收音机、电视、超声检查，以及为迷路的旅行者导航的 GPS（全球定位系统），我们更无法分裂原子、破解人类基因组或者将宇航员送上月球。

一个神秘且不可思议的事实是，关于宇宙的形形色色的奥秘最终总能用微积分的语言和微分方程的形式表达出来。艾萨克·牛顿是最早瞥见这一宇宙奥秘的人，他发现行星的轨道、潮汐的韵律和炮弹的弹道都可以用一组微分方程来描述、解释和预测。自牛顿以来，每当有新的宇宙奥秘被揭开，人们就会发现同样的模式总是有效。从古老的土、空气、火和水元素到新近的电子、夸克、黑洞和超弦，宇宙中所有无生命

的东西都遵从微分方程的规则。

那么，什么是微积分？什么是微分方程？在牛顿的时代和我们的时代，微分方程为世界带来了什么？微积分这个最初与形状相关的理论，最终又如何重塑了文明？更重要的是，如何把这些有阅读门槛的知识、观点和历史清晰易懂地传达给大众读者呢，哪怕他们勤于思考、充满好奇心、知识渊博但几乎没有学过高等数学？

既然微积分是如此重要的一个数学分支，不仅对于学习高等数学的学生必不可少，与普罗大众的日常生活乃至经济社会的发展也息息相关，那么了解微积分的前世今生、培养用微积分思维解决现实问题的能力，对大众读者来说就是具有价值的。

二、解构：一本优秀数学类科普图书的多重特质

鹦鹉螺作为中信出版社第一个专注于出版科普图书的编辑室，基于对科普图书市场的严谨调研和数据分析，开辟了一条数学普及读物产品线，旨在推出一系列内容权威性和文本通俗性兼具的图书，帮助对数学望而生畏的读者培养数学思维。

综合考虑大众读者对微积分普及读物的潜在阅读需求、鹦鹉螺数学普及读物产品线的长期建设需要、市面上的微积分读物多为教科书的现状，以及国内鲜有作者能写作优秀的微积分普及读物等因素，编辑室选择引进斯托加茨的 *Infinite Powers*，目的就是让每个人都能毫无压力地了解关于微积分的精彩思想和现实应用。

作为这本书的责任编辑和策划编辑，我认为这本书的内容特点和出版价值体现在如下几个方面：

第一，图书主题突出，书名直接有力。图书市场上以"微积分"为核心话题的科普图书较少，已有图书大多为教科书和专业书，偏重教授

微积分学科知识和解题技巧。这本书的英文版书名是 *Infinite Powers*，直译后应为"无穷的力量"，考虑到本书的核心话题是在讨论微积分的发展历程及其实际应用，而且"无穷的力量"在中文语境中也杂糅了励志层面的含义，容易误导读者把这本书当作一本励志读物。所以，为了直截了当地突出本书主题，明确锚定目标读者，编辑将简体中文版书名定为《微积分的力量》。

第二，作者兼具数学专业背景和科普读物创作经验。《微积分的力量》的作者是美国康奈尔大学应用数学系教授、科普作家史蒂夫·斯托加茨，主要研究数学知识和方法在现实中的应用。他的主要代表作、畅销书《x 的奇幻之旅》于 2014 年 3 月由中信出版社出版，知识性、普及性、趣味性、阅读性兼具，获得"中国好书"月奖。在完成数学科普任务方面，斯托加茨擅长用平实的语言和生动的比喻解释抽象的数学知识。比如，在这本书中他把曲线面积比喻成"用滚筒刷过的墙面的面积"，而微积分就是那只"滚筒"。

第三，数学知识深入浅出。尽管微积分非常重要，但对大众读者来说，数学已经足够令人头疼，更何况是高等数学才会接触到的微积分。幸运的是，读者阅读这本书时，根本不需要高超的解题能力，因为它并不是教授微积分解题技巧的书。读者只需要知道圆、三角形等形状，会加减乘除运算，就可以驾驭这本书中的数学知识。它更多的是将微积分与现实生活结合起来，解答"我学了微积分有什么用？"的疑问。

第四，目标读者群定位清晰。根据这本书的核心话题和内容特点，它的主要读者对象可分为两类：第一类是初高中学生读者，这本书可以帮助他们在真正学习高等数学之前，培养和激发对高等数学的兴趣，锻炼用微积分思维和方法解决实际问题的能力，而不是成为"小镇做题家"。第二类是想了解微积分实际应用的科普爱好者，通过阅读这本书，可以拓宽他们的知识面，实现知识升维，甚至会对他们解决生活和工作中的实际问题有所启发和帮助。

第五，文本既有科学性又有普及性。这本书用"讲故事"和"办展览"的方式，呈现了读者耳熟能详的多位科学巨匠的鲜活形象：阿基米德耐心地用脚步量出正九十六边形的周长，只为了使之接近一个圆；青年伽利略在教堂中专心致志地观察吊灯的摆动，受此启发发明了航海钟；牛顿有着惊人的天赋和敏感的内心，他为了避开外行人的干扰而选择将发明微积分的事保密，但没想到远在欧洲大陆的莱布尼茨独立发明了微积分，两位微积分之父就这样殊途同归……通过一个个故事和一幕幕特写，读者可以走近这些科学巨匠，与他们共同见证微积分的那些高光时刻。

就像《黑天鹅》作者纳西姆·尼古拉斯·塔勒布对这本书的评价，"高能预警：这是一本危险的书。它会让你爱上数学，甚至有可能把你变成一位数学家。"综合判断，这样一本知识性、可读性、普及性、实用性兼具的图书，具有较高的出版价值，也会得到读者的广泛认可。

三、温度：《微积分的力量》的人文关怀和理性浪漫

一本社会效益和经济效益双优的数学类科普图书往往同时具备两个特点：尽可能保留硬核的知识，又不失独有亲和力的形式。史蒂夫·斯

托加茨的《微积分的力量》自然也不例外。

数学部分简洁易懂，只是对一本数学科普书的最低要求，真正使《微积分的力量》出类拔萃的，是斯托加茨在其中注入的人文关怀，以及其折射出的理性浪漫。

《微积分的力量》始于数学，却超越了数学本身。读者可以在书中看到从阿基米德到爱因斯坦，这些智者们如何完成这个隔空接力。阿基米德意识到自己生命的有限性，他愿意将自己的方法传给后人，以帮助后人去取得自己所不能达到的高度。在他之后的伽利略、笛卡儿、费马日渐搭建起大厦雏形，最终牛顿和莱布尼茨用各自的方法为其添砖加瓦，并为它取名"微积分"。通过一个个鲜活的故事，天才们不再只是一个个名字，而是跃然纸上、有血有肉的人。他们所做的，是将人类向追求真理的路上推进一点，再推进一点，去体验科学的终极浪漫。

在讲述阿基米德将自己的实验方法留存下来，以便后世科学家能更快地找到他未能寻得的答案的故事时，斯托加茨写道："这几乎让我热泪盈眶。这位无与伦比的天才在数学的无限性面前感到了自己生命的有限性，他认识到还有很多事情要做……永无止境，就连阿基米德本人也要俯首称臣。"斯托加茨用一种近似打破叙述者语境的方式，对读者直抒胸臆，他对于数学以及先贤的热爱，仿佛要从字里行间溢出来，直冲向读者眼前。

带领读者领略完历代先驱们的成就之后，斯托加茨用一段充满诗意的文字为本书画上了圆满的句号，也让"微积分的力量"像绚烂的烟花一样照亮了历史的夜空："引力波是人类有史以来听过的最微弱的耳语……甚至在我们还是微生物的时候，这种轻柔而微小的波就已经开始朝我们漾来。当它在 2015 年的那一天抵达地球的时候，因为我们正在倾听，也因为我们通晓微积分，所以我们才能听懂这轻柔的耳语意味着什么。"

　　在编辑看来，数学类科普图书完全可以做到在专业知识清晰易懂的同时，兼具生活类图书的人性温度，以及文学类图书的诗意浪漫。这或许是《微积分的力量》为优秀的数学类科普图书提出的一种新可能。

　　　　　　　　　　　　　　　（苏　扬　中信出版集团·鹦鹉螺主编）

科普童书的"形式感"很重要

——《左手南极，右手北极（自然篇）》编创手记

一、缘起：每个人心中都有一个极地的梦想

科普书的内容范围很广，可谓包罗万象，大致梳理后发现，主要包括基础科学、自然博物、医学健康、工程技术等领域，做选题可以做大而全的百科，也可以做小而美的垂直细分门类。

极地可谓自带"光环"，在历史长河中，两极吸引着无数探险家、科学家、游客去一探究竟。提起南极和北极，极光、远方、神秘、纯粹，梦想安放的地方……类似的表述纷纷闯入脑海中。在科普图书中，以地球两极为主题的作品并不少见，既有关于极地的知识性介绍，也有讲述极地科考和探险之旅的作品，比如威廉·格利尔创作的《极地重生：沙克尔顿南极史诗之旅》，重现了百年前探险家沙克尔顿在极地的史诗航程。

我和本书的作者李荣滨系多年好友，他于中国海洋大学毕业后在国家海洋中心任职多年，曾作为中国第 27 次南极科考越冬队员，在南极

中山站工作了 17 个月。这趟科考之旅让他印象深刻。无论是他自己的孩子，还是去幼儿园做公益讲座时遇到的孩子们，都对极地表现出强烈的好奇。基于对南北极的共同爱好，我们常分享一些关于极地的动态，一直心心念念想做一本关于极地的书，但都没有找到合适的形式。

时间来到了 2019 年 8 月底，有一天我带着组里的胡玉婷、宫超去找李老师翻译一本有关海洋的书，顺便聊聊能不能做一些有关海洋、极地的选题。李老师给我们讲了一些在极地发生的有趣故事，又一次引起了大家的兴趣。宫超提了个问题："南极和北极有什么区别？"李老师给我们细致地讲了下，有不少是他的独家现场体会，我们听得津津有味。宫超提议，那我们能不能做一本关于南极和北极对比的书呢？

这给了我启发，但回来一查有些失望，南极和北极对比的知识类科普童书市面上已出了很多。不过这也正常，当我们想到一个主题的时候，十有八九是都有了。有类似主题就代表没法再做吗？当然不是，我们可以另辟蹊径。我买了几本同类主题的书，发现多是一些百科知识介绍，在南极和北极的对比展现上也不够直观，这给了我们发挥独创性的空间。

二、突破：为科普童书找一个好形式，让选题落地

这本书在做的过程和成书后，收到了不少赞美和奖项，先是被国际知名出版机构——比利时的 CLAVIS 出版社买下荷兰语版权，后来入选"亲近母语"二年级人文百科书单，更斩获第七届"中国科普作家协会优秀科普作品奖"银奖、入选 2022 深圳读书月"年度十大童书"，一年内实现五次重印，入选 2022 年度王芳直播间十大新书榜……

我们来看这本书，表面看着是一本书，打开后瞬间变成两本书，左

边是南极，右边是北极，读者朋友可以单独阅读每一本，也可以对比着阅读，在同一时空里自由穿越南极与北极，了解南极与北极的相同点和不同点。

很多人好奇，你是如何想出左右对翻这个形式的？

老生常谈，灵感的迸发看似是一瞬间的事，其实是长期的积累。

这里要感谢读小库引进出版的《镜像》一书。2016 年，我当时在北京出版集团工作，期间在阅读体验中心做了一年主讲老师，其中就给孩子们分享过这本书。当时还设计了好几种读书活动，所以对这本书印象很深。

珍妮·贝克在《镜像》中设置了两个结构，两个家庭、两个孩子，一个住在澳大利亚的悉尼，一个住在北非的摩洛哥，两条线各自演进，作者设计了一些连接的地方，让我觉得非常巧妙。

这本书让作为编辑的我更拍案叫绝的，是它的装帧形式。一般这种对比，很容易做成正背装，不过这种"君住长江头，我住长江尾"的方式，遥遥相望，很难实现对比，总不能把书拆了吧？要么就做成盒子，左右边各放一本，但这样成本会大大增加。

《镜像》提供了一个让我眼前一亮的装帧形式。从外表看，它就是一本精装书，但很巧妙的是，它把这两本书粘在前后两个底板上，这样所加的印制成本就可控了。童书发货折扣低，竞争激烈，好创意需要好落地，印制成本是图书成本的重要组成部分，成本可控也就解决了性价比这个商品的本质问题。

再回到南极与北极这个主题上，它们一个在地球的最南端，一个在地球的最北端，坐标系明确，本身具有强烈对比性，可以说非常适合这种形式。

形式确定后，相当于为南极北极量身订制了一件又合身又眼前一亮的衣服，接下来就需要把内容好好给装进去，做到内外兼修。我们认真研究了有关南北极的书，开始列了十来个主题，分别让李荣滨给我们讲解后，对南北极的认识也越来越清晰。

做好选题策划方案后就是上选题项目会了。还记得为这个项目我特意买了个可以上下翻转的地球仪，上会的时候翻转地球仪给大

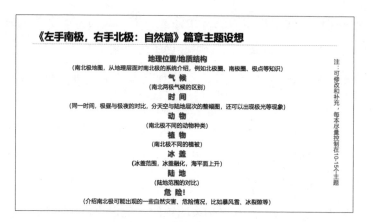

《左手南极，右手北极：自然篇》篇章主题设想

地理位置/地质结构
（南北极地图，从地理层面对南北极的系统介绍，例如北极圈、南极圈、极点等知识）

气 候
（南北两极气候的区别）

时 间
（同一时间，极昼与极夜的对比，分天空与陆地层次的整幅图，还可以出现极光等现象）

动 物
（南北极不同的动物种类）

植 物
（南北极不同的植被）

冰 盖
（冰盖范围，冰盖融化，海平面上升）

陆 地
（陆地范围的对比）

危 险！
（介绍南北极可能出现的一些自然灾害、危险情况，比如暴风雪、冰裂隙等）

注：可修改和补充，每本尽量控制在10~15个主题

家展示南极和北极的位置……这成为我编辑生涯中上会最顺利的一个选题，在场的老板、市场负责人、营销负责人、版权负责人、其他编辑等，无一个人提出反对意见，都给予了很好的评价，这种情况实属罕见。

三、分镜打样：一个页面一个页面突破

接下来，就是作者和编辑的舞台了。大纲初步确定后，我们着手做样张，我们和作者选择了一个较好把控的动物主题，作者负责文稿，我们负责画分镜。

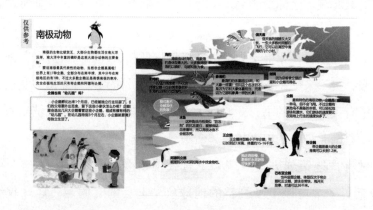

绘本是一种"文 × 图"的艺术，绘图的精准和特色对图书的呈现非常关键。确定样张的绘图文稿后，我们对比了两位绘者，一位国外绘者，一位国内绘者，最后达成较为一致的意见：巴西的年轻画家朱莉安娜·莫茨科更合适，她除了动物形象绘制得更活泼有趣，构图意识也更强一些。

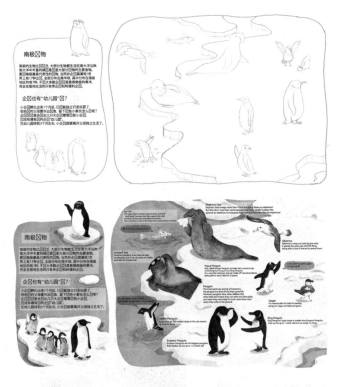

确定绘者就像是找到了缺失的大块拼图，项目也由此正式启动。在后来的绘画过程中，朱莉安娜常给我们带来惊喜，不但精准表达了作者和我们的设想，甚至在一些地方实现了超越，让画面呈现有趣流畅。也再次验证了，好的绘者会带来"1+1 > 2"的效果。

打样完成，心中因此有了底气。但实际创作就像是孙悟空打怪——"刚翻过了几座山，又越过了几条河，崎岖坎坷，怎么它就这么多"。每个页面主题就像挤牙膏一般，动物、植物主题相对易做，但是到了位置、冰川这些主题的时候，常常卡壳，因为很容易把它做成百科介绍了。

科普绘本面向的是儿童，具体到本书，读者定位是5～8岁，基本属于科普绘本的主阅读群体。该年龄段孩子的专注力有限，要持续吸引他们的注意力，使他们读得下去且能津津有味地反复阅读，并不是一件容易的事。

图书是一种平面媒介，注定在展现层次性和丰富性方面存在一定局限。除了要有"形式感"，故事内容的趣味性、画面丰富有层次、翻页的节奏感也同样重要，节奏感和层次性更是重中之重。比如在讲述南极与北极冰川知识时，为更好展现出冰川的深度和增加页面翻页节奏，我们采用了竖着的页面结构。

绘本本身还是一种克制的艺术。为了避免知识点散乱，我们须在一个主场景上讲故事、做说明，很考验编辑谋篇布局的能力，因此，在本书的编辑过程中，我们不断针对架构和页面布局进行调试。印象最深的是介绍冰川的那一页，旨在表现南极是厚厚的冰盖，而北极除格陵兰岛外只是一些海冰。但如果我们一开始仅仅只画一个厚冰盖，那呈现出来的效果便会很单调。

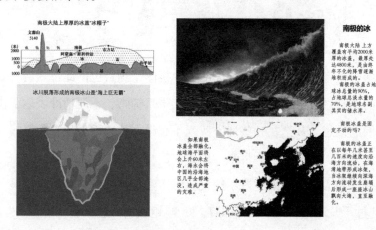

编辑需要像导演那样为每个主题设置一个故事化的场景。特别是改到第四稿时，尽管我们已经将百科知识的介绍做到了场景化，但还是不满意，仍存在页面表达不流畅等问题。"黔驴技穷"之时，半夜睡不着便爬起来看 BBC 的纪录片《冰冻星球》……

正值隆冬，有一天手机上来了条微信提示："昌平的温都水城要办冰雪嘉年华。"这才一下子来了灵感，我们可以把南极这一页也做成冰雪嘉年华的形式啊！让南极的各种小动物在这里玩，于是有了这页画面——

海豹在滑雪，虎鲸在花样游泳，海狮在顶球，大企鹅在滑雪，小企鹅摔倒了……这使画面一下子便热闹灵动了起来，页面也随之"流畅"，之前郁结在心中的不顺也解开了，这种感觉特别舒服。关于分镜究竟是作者做，编辑做，还是绘者做，这并没有定论。原创童书是一个团队作品，需要根据团队情况灵活调整。

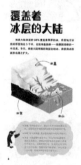

此外，原本我们打算在季节主题的部分分别介绍南极和北极的春夏秋冬，但经过审思认为一旦占了四个主题，小读者会失去耐心。我

们就精简设计成：当南极夏天的时候，北极是冬天；南极是冬天的时候，北极是夏天。这样的对比更为明显，不仅有了空间，还有了时间的概念。

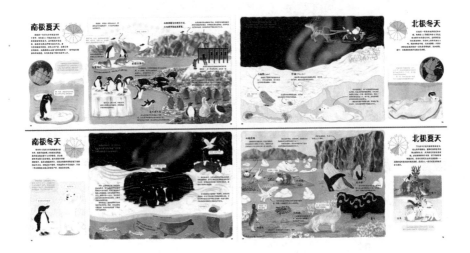

最后的页面，我们加入了一些人文关怀的内容，总结全书的同时拔高整体立意，引导孩子思索全球变暖对南极与北极的影响——南北极离我们并不遥远，极地面临的诸多环境问题最后也会反馈到我们每个人身上。

在最后的审校过程中，我们和作者一起对文字进行一遍遍地打磨，语言尽可能生动的同时，还要增强画面的代入感。比如在讲述"北极苔原"时，"当酷寒的冬天过去，花朵就会像地毯一样铺满大地"，这是我们在看纪录片时的惊喜，也想把这层喜悦传达给读者。在讲述"南极夏天"时，"夏天的南极非常热闹，海豹上岸产崽，企鹅父母出海捕鱼，北极燕鸥从北极飞到南极度夏"，有一种纸上纪录片的感觉。

科普童书因为知识元素多，板块多，对设计要求也高。这本书的设计惠伟老师也表现得颇为用心和专业。她凭借着十几年的科普童书设计经验，在这本书的场景优化、层级安排、字体选择、封面设计等方面都颇下功夫，这些都为这本书增色良多。

四、像做书一样做附赠：让小册子成为主册的有益补充

我们还为这本书做了一本 16 页的小册子——《关于南极和北极：不可不知的 15 个小秘密》。很开心读者朋友没有把它当作一个简单的附赠，而是当作一本书来仔细阅读和分享。

做小册子的初衷，是因为要服务于绘本的场景化，很多想分享的有趣知识点都没有放上。比如：

• 南极和北极的轮廓和面积很吻合，这就像是用一把铁锹把北极挖了一块放到了南极，是不是很神奇？

• 为什么同样在地球的极地，南极要比北极冷那么多？

• 可以让企鹅去北极生活，让北极熊去南极生活吗？

• 南极那么冷，企鹅为什么不怕冷？

• 为什么北极动物的毛色会在冬天发生变化？

还有一些作者拍摄的珍贵极地实景照片，我们也希望让读者看到。但绘本要求绘图审美的一致性，这使得这些照片很难被放置在主册当中。因此，我便想到做出一个小册子，让它和书形成了一个很好的互补，进一步揭秘神秘的南北极。

另外，一本书能呈现的内容有限，除了提供给小读者一种重要的科学研究方法——对比思维，我和作者一样，还想不断启发孩子们去思考，去研究。

五、总结：不断试错，不断精进

原创是个从 0 到 1 的过程，科普童书要在很少的篇幅中去构建场景，丰富层次，这是一门极简克制和以小见大的艺术。编辑要做好这本书的"导演"，前期需要做大量的输入，进而打磨一个个大场景和小场景，不断试错，不断精进。

原创也是个心气不能泄的过程，团队士气的激发和协作非常重要。过往的那些热爱与尝试，终究也不会成为过眼云烟。正所谓"念念不忘，必有回响"。当想法落地成书，梦想照进现实，看着成书的那种成就感别提有多好了——这也是做原创童书的无穷诱惑。

（韩青宁　原禹田文化知否编辑部主编，

现任青葫芦旗下青果蔓蔓总编辑）

为孩子讲述科学家的故事

——"'共和国脊梁'科学家绘本丛书"编创之路

2019年9月,"'共和国脊梁'科学家绘本丛书"第一辑正式出版,时至今日,该丛书已成为科学家传记绘本的拳头产品。仅第一辑8册绘本,累积销量已逾百万册,这一成绩对原创绘本而言已然不俗,而且获奖无数,社会效益显著。

几年来,时不时上网搜寻读者对这套书的反馈,已成了我们一种不经意间的习惯。如今,该丛书已推出三辑,为孩子们讲述着24位中国科学家的灿烂人生。从最初策划时的忐忑不安,到如今见证它乘风破浪,将科学家们的故事娓娓道来,让科学家精神如种子一般播撒在孩子们的心田,我们欣慰至极。

我们为什么要做这样一套书？途中遇到过哪些困难？它们是如何被破解的？……即便已经过去了好几年，回想起来，往事依然历历在目。

一、缘起：从研究中萌生童书念头

如果你仔细观察，会在本丛书封面上发现这样一行字：丛书由中国科协"老科学家学术成长资料采集工程"提供学术指导。这便是本丛书的来源。

"老科学家学术成长资料采集工程"（以下简称"采集工程"）启动于 2010 年，该项目由中国科学技术协会（简称"中国科协"）牵头，联合中国科学院（简称"中科院"）等多个相关部门共同开展，以深入挖掘中国现代科学家的学术成长经历、保存宝贵史料并丰富中华人民共和国科技发展的历史资料为目标。在中国科协的委托下，从事中国现代科技史研究的张藜教授担任采集工程首席专家，从项目伊始，她便承担起学术统筹和指导工作。

多年来，该项目已采集了 600 余位重要科学家史料，收集并保存了一大批珍贵档案。随着采集工作的推进，在中国科协的大力支持下，张藜教授所带领的学术团队也积极融合传媒力量，推出了"科技梦·中国梦——中国现代科学家主题展"、科学家传记丛书等诸多成果。

那么，科学史研究者为什么会做一套面向孩子的绘本呢？

这要从一次再正常不过的毕业说起。编辑唐靖师从张藜教授，曾深度参与采集工程。2017 年 7 月，唐靖完成学业后来到北京出版集团工作，在离开团队前，张藜教授曾向唐靖提起想依托于采集工程做一套科学家绘本，因为科学家精神的传承主体在青少年，尤其是儿童。对张藜教授而言，基于采集工程的学术成果，为中国儿童打造一套科学家传记绘本是筹谋已久的想法。

由于该选题所具有的独特价值和稀缺性，很快便引起了出版社领导的高度重视，选题顺利通过。同时，该选题也获得了中国科协的大力支持。后来，时任中国科协创新战略研究院院长的任福君研究员也加入团队，担任丛书的第二主编。

接下来，摆在所有人面前的难题是如何让学术研究者"跨界"到绘本这一全然陌生的领域，如何将"'共和国脊梁'科学家绘本丛书"在两年时间内从一个想法变为成品，并在 2019 年国庆七十周年时出版。

二、执行：用做研究的态度做童书

虽然该选题定位为绘本，但从一开始，张藜教授和编辑团队就明确了要以做学术的态度去做这套书，既要充分利用采集工程的研究成果，又要从中超脱出来，具备趣味性和艺术性。

国外科学家绘本不乏夸张也精彩的画风，读来轻松有趣，夸张画风可以让很多拿不准的难题模糊化，是一种较为取巧的方法。但考虑到选题基于采集工程，整体基调相对严肃，加上张藜教授团队一直与科学家家属或助手、弟子们有着密切的交流，清楚他们的严谨作风。于是团队决定采用偏写实的画风去呈现，让绘者利用采集工程和学术团队所掌握的大量科学家图片和影像资料，用画笔带领孩子们回到科学家们的成长时代。

在项目推进的过程中，团队决定充分运用科研项目的组织方式，比如为作者制定写作方案、进行研讨会、月度会议等。这与常规绘本的出版很不一样，一般来说，作者创作文本是很自由的。但对于这套体量不小且后续还有延伸的原创绘本来说，我们需要这样的组织规划。

然而，即便前期已做了很多准备，但当绘本工作真正启动后，数不清的难点仍然相继出现。

首先是传主选择。绘本最终要面向读者，接受读者的检验。经过与张藜教授团队讨论，大家一致认同从科学家的知名度和故事性两个角度来考虑入选科学家，并尽量分散于不同学科，从而让读者们通过阅读这套书能认识不同的学科。最终，我们选择了竺可桢、钱学森、何泽慧、吴征镒、刘东生、梁思礼、袁隆平、屠呦呦这8位科学家为第一辑的讲述对象。他们或广为人知，或赫赫而无名，但均是所在学科领域的佼佼者，均为中国科技事业的发展做出了重大贡献，其人生和科研经历也具有很强的故事性。

其次是文本。文字作者以张藜教授带领的学术团队为主，作者们的初稿离孩子能读懂的绘本文字相去甚远，毕竟学术写作和童书创作完全不同，绘本字数虽少，但创作难度大。为完善文本，我们几乎找遍了市面上所有的传记绘本，包括尚未引进的外版传记绘本，与创作团队反复研读学习，并邀请儿童文学作家、绘本创作者、阅读推广人、绘本编辑等专家为学术团队进行创作培训，进一步修正写作方案。通过这一过程，丛书的面貌逐渐变得清晰。我们也由此确定了"严谨的学者团队＋新锐的绘者团队＋权威的审稿团队"这一编创模式。作者们反复改稿，甚至推翻重来，直至创作出适合孩子阅读的科学家传记故事。

再者是流程。在这之前，无论是以张藜教授团队为主的作者们，抑或是编辑团队，均未做过原创绘本。但勤能补拙，为捋清流程，那段时间几乎每个周末，编辑团队都在参加各种绘本培训，包括原创绘本头部出版方蒲蒲兰绘本馆开展的原创绘本训练营、新闻出版商务周报组织的绘本研习营等。

第四是统筹。如何组织好众多作者与绘者，完成这样一套"命题作文"的创作呢？科研项目的组织方式被运用到了这套书中。唐靖熟悉采集工程和出版方的流程，因此作为项目主要枢纽，负责对接主编、作者、绘者、专家和出版方等，及时跟进每本书的进度，将遇到的问题积极反馈给作者团队和编辑团队，大家共同想办法解决，使项目的整体面貌及时呈现在所有人面前，大家朝着共同的目标前进。

最后是编校。文图基本完成后，则进入编校流程，这是摆在编辑团队面前的又一座大山。科学家传记绘本避不开科学知识，经过团队反复讨论，为确保阅读流畅性，在故事结束后用一页篇幅对相关术语进行解释。同时，为扩展小读者对传主的认知，编创团队为每本书增添了人物小传，还制作了简要年谱，让传主的人生轨迹可视化。如此多的知识集中在一本小书里，确保不出错的唯一途径便是反复审稿和修改文图。

幸运的是，丛书获得了科技界许多前辈的大力支持，得到了权威的编委会和审稿专家把关。比如，曾担任吴征镒院士助手的中科院昆明植物研究所原副所长吕春朝老师，为《植物的好朋友：吴征镒的故事》写下长达几千字的审稿意见；同样来自中科院、曾多年致力于《竺可桢日记》整理工作的李玉海老师，在《为大自然写日记：竺可桢的故事》的稿件上一一标注详细意见；梁思礼院士的女儿梁红老师及他的原秘书杨利伟老师、航天科普专家田如森老师耐心与团队讨论、沟通，为《中国第一代航天人：梁思礼的故事》提供支持帮助；等等。

此外，对于原创绘本而言，装帧设计与文图一样重要。我们邀请了专业资深绘本美编担任设计师，在经过反复尝试后，我们决定从这套书本身所具有的气质出发，以大气、端庄为基调。封面不铺满图，以能体现每位科学家精神气质的小图为主，从而给封面足够的留白空间，每本书的书脊处则根据其画面主色调配以相近的颜色作为装饰，使整套书组合在一起后，有彩虹般的视觉效果。在纸张的选择上，我们几经筛选，不计成本，最终选择了优质特种纸，以期能最大程度还原手绘图的细腻与精美。

最终，当精心打造两年多的出版物呈现在团队眼前时，所有人都松了一口气：它就是我们想要的讲述科学家故事的绘本，它没有华丽的语言，但有质朴的文字和精美的图画，它以学术研究成果为底，尽最大限度做到了儿童性、趣味性、艺术性的统一，精准讲述了中国科学家的故事。

三、赋能：多方位增加丛书价值

该丛书既是传记绘本，也是科普绘本。我们并不全然认同绘本的主要功能只是好玩有趣，有一定知识含量的绘本，能够打开孩子人生的格局，从而引发孩子更多的思考。

基于此，尽可能多地依托于各方资源，尤其是采集工程积累的丰富资源，为丛书赋能，是整个编创团队一直在思索的问题。这也是该丛书与其他诸多科学家传记相比的独特之处和优势所在。

如前文所述，经过不断磨合，在绘本的内容设计上，我们最终确定了"正文＋人物小传＋年谱＋词汇园地＋导读手册＋音频故事＋中国科学家博物馆资料库"的模式。绘本容量有限，文字不可过多，否则会增加孩子的畏难情绪，与我们的初衷相违。由于每本书的正文文字不到2 000 字，只能选择一些最有代表性的故事，所以在每本书的末尾，我们还附上了一篇千余字的人物小传和体例清晰的年谱，能让读者对科学家有更深的理解和认识，从多个维度为读者呈现立体丰满的科学家形象。词汇园地则尽量用浅显易懂的语言对文中出现的专业术语进行解释，以帮助读者克服阅读过程中的知识障碍。同时，我们还邀请了著名科普制片人赵致真、少儿阅读推广人王志庚为丛书撰写了两份风格迥异的导读，以拓宽读者对科学家的了解。

丛书附赠的音频资源和中国科学家博物馆资料库也是独特亮点。

先说音频故事。我们制作了两版音频，一版是忠于原文，请专业播音员配乐演绎；另一版则是围绕每一本所讲述的科学家，再延伸出 3 集故事，做成一套共 24 集的音频故事。两套音频故事均可在喜马拉雅、网易 FM、蜻蜓 FM 等 App 上收听。事实证明，推出该系列音频故事实乃明智之举。以此为依托的"中国科学家的故事——数字项目（共 80 集）"（包括后两辑）系列音频故事，入选"2021 年度数字出版精品遴选推荐计划"（即国家新闻出版署组织开展的出版融合发展工程），在全网累计播放量高达上亿次，成了融合出版的优秀案例。

再说中国科学家博物馆资料库。该博物馆是采集工程的另一个重要学术成果，作为我国首个全方位、形象化、多侧面展现中国现代科学家学术成长历程的博物馆，该博物馆资料库以数字化形式收藏科学家资料（即采集成果）、研究科技人物、展示科学家精神，已收录许多中国现代科学家的学术成长资料，包括珍贵照片、手稿、证书、信件、音视频、报道、年表、传记等。在中国科协的支持下，我们以二维码的形式将博物馆资料库的链接呈现于每本书的封底，从而让读者能够轻松触达这一独特资源，进一步了解众多科学家的故事和风采。

四、推广：全方位筹谋规划

图书付梓只是走完了整个项目的一步，后期还有大量的宣传和推广工作需要开展。毕竟"酒香也怕巷子深"，营销宣传切不可忽视。

在紧锣密鼓地忙着图书出版时，编辑团队便提前与公司宣发团队沟通讨论，确定了一套完整而翔实的宣传方案，并明确要将宣传效果放在第一位，极力扩大丛书的社会效益，让本套丛书发挥其应有的社会价值，从而带动经济效益。

比如，为调动目标读者的阅读兴趣，我们依托于北京出版集团的资源，在集团旗下的少儿期刊《少年科学画报》和《十月少年文艺》上刊登了"种一个科学梦，等着发芽"的征稿活动，鼓励小读者们写作关于科学家的故事，画出科学家的发明创造或者自己的奇思妙想，活动组委会还筹备了院士签名奖状、样书等丰厚奖品，为丛书进行预热。在后期开展的绘本进校园活动中，也持续宣传这项活动，小读者的参与度很高，他们用或稚嫩拙朴或奇思妙想的语言表达了对科学家的敬意，还提出了一些很有创意的想法。

丛书正式出版后，我们在筹备发布会的同时，也聚焦于粉丝黏性较高的新媒体渠道进行团购。作为精装绘本，成本高昂，码洋较高，但团购渠道反响热烈，从而逐渐引爆了社群，很多大号积极组织粉丝进行团购。很多读者表示，这套绘本题材独特，编创用心，实属难得。

正式的新书发布会则是面向读者的第一次郑重亮相。我们为此精心筹备规划，既邀请了丛书顾问、主编、导读撰稿人、北京市宣传部领导，还邀请了本套丛书的作者、绘者、科学家的家属和秘书、中科院附属小学的师生们等嘉宾出席，并策划了丛书精选原画展。通过这些努力，使本次活动成为一次非常有新闻点的发布会，得到了各大主流媒体的广泛报道，进一步扩大了丛书的社会影响力。

在视频化和移动端生存的时代，我们也重视视频宣传渠道，除拍摄丛书场景化视频和图书产品宣传视频并上传至网站公开播放外，我们也积极探索将纸质内容进一步丰富改编为视频内容的可能性，丰富丛书的宣传方式。与此同时，我们还在小鹅通等直播平台上开通直播课程，给孩子们讲述老科学家的故事，并与北京师范大学绘本课程中心合作，参与绘本课进校园的活动，邀请有绘本丰富经验的小学教师为每本绘本设计教案，并尽可能推广到全国众多的小学里去。

令人欣慰的是，在推广过程中，我们编创这套书的初心也得到了理解，正如儿童文学作者孙玉虎在为本丛书撰写的书评里所言："这套绘本并不是要鼓励每个孩子一定要成为科学家，而是从这些科学家的人生经历里见证科学的力量、榜样的力量，从而思索自己想要一个怎样的人生，如何成为一个更好的人。"

五、反思：前路漫漫尤可期

时至今日，我们依然清楚记得每本文稿与分镜、每张线稿与色稿、每本排版样稿诞生时的惊喜。在国家日益重视原创童书的大环境下，这套全心全意为孩子打造的原创科学家传记绘本，获得了越来越多的好评。一开始，看到销量迅速上升、收到越来越多的好评时，我们甚至还不敢相信。

往回看是为了更好地向前走。本丛书是一套特色鲜明的主题出版绘本，有一些经验是值得分享给广大同行的。

首先，在策划选题时，我们认为应以创意引领策划。选题同质化是出版业目前的通病。坦白说，本丛书并非绝对地填补市场空白之作，在已经出版的讲述科学家故事的绘本中，本丛书依托于权威的采集工程，采用"传记＋图画＋故事＋科学"的构想，编创视角独特，是其亮点。榜样人物传记图书尤其需要找到权威作者，以权威资料作为支撑，切忌夸张渲染，违背人物的榜样力量。

其次，要选对符合丛书主题的呈现形式。因为本丛书从一开始明确定位是绘本，因此需要按照绘本的逻辑和要求去呈现，并非只是画出精美的图画就行了。除绘本外，桥梁书、青少版读物也是讲述科学家故事的有效载体，所面向的读者群体各不相同，出版方应把好关，找准符合读者定位的呈现形式，用心做好产品，不可生搬硬套。

再者，做主题出版不容易，要尽可能做好准备工作。在本丛书的编创过程中，编辑团队为了解每位科学家，研读大量传记，在依托采集工程资料之外，仍尽可能搜集充足的资料，包括电影、展览、实物、手稿等，以提供给编创团队参考。在编辑过程中，不放过任何一个细节，反复求证。每本绘本的故事文稿、绘图脚本和成稿都经历了反复修改，甚至推翻重来。每本书都是文字作者、绘图作者、编辑、主编四方共同完成的作品，这对于创作者和出版方来说，都需要足够的耐心与坚持。

但在肯定成果的同时，也不可回避遗憾和不足。由于时间关系，我们未能安排文字作者和绘图作者去实地采风，只能通过照片、视频、文字材料等记载来呈现，难免存有遗憾。很多优秀的绘本作品，作者都需要经过长期的采风和实地采访，才能让作品有更饱满的情感和力度。另外，由于经验不足，我们错过了专家审稿的最佳时机，大部分专家均在绘图成稿后才审稿，导致有些历史细节的错误在后期才被发现，给改图造成很大压力。

总之，原创主题绘本实属不易，若非亲身经历，个中滋味实在难以言说。我们一路摸着石头过河，在选题策划、文稿打磨、脚本修改、设计审校、印刷装订等各个环节中通过不断试错，克服困难，最终做成了这套原创少儿主题出版物。最深的感受莫过于，编辑作为项目负责人，不可沉溺于畏难情绪中，要给所有参与项目的人员传递信心，要积极想办法克服困难。人物传记绘本是少儿主题出版的一个小门类，除了科学家外，还有很多人物的故事值得讲述，期待未来能有更多类似主题作品，为少儿树立优质榜样，照亮孩子们的成长之路。

（唐　靖　独立策划人、编辑及创作者）

［于　蕊　梅尔杜蒙（北京）文化传媒有限公司出版部主任、副编审］

风吹稻浪时，讲讲他的故事吧！

2021 年 5 月 22 日，一篇沉重的新闻报道覆盖了各大媒体，那是袁隆平院士逝世的消息。我们不敢也不愿相信，默默祈祷那是一则误传的假消息。但真相让人遗憾：那位用一生致力于让中国人吃饱饭的老人永远地合上了眼睛，享年 91 岁。

几天后，人们在雨中随着袁老灵柩奔跑哭喊的场景，至今仍让人一想起来便眼眶湿润。当祖国一穷二白时，正是袁老和他那个时代的无数前辈们，用一双双勤劳的手和一颗颗坚韧的心，让中国人堂堂正正地挺起了胸膛，让吃饱饭不再是难题。

作为《一粒种子改变世界：袁隆平的故事》绘本文字创作者，我

们何其有幸，能够用笔讲述这样一位榜样人物的故事。这段美好的经历已融入我们的人生，成为一段永不磨灭的记忆。

一、打磨文稿：先做加法后做减法

时光倒流至 2017 年 9 月，我们有幸加入"'共和国脊梁'科学家绘本丛书"的创作团队中。这套科学家传记绘本依托于"老科学家学术成长资料采集工程"（以下简称"采集工程"），希望将中国科学家们的故事讲给孩子们听，为孩子们树立榜样。丛书第一主编是采集工程首席专家张藜教授，文字作者团队主要以张藜教授所带领的学术团队为主。

采集工程自 2010 年启动以来，已采集了几百位中国老科学家的学术成长资料，积累了丰富的一手资源。由于袁隆平院士一直奋斗在科研一线等多方面原因，采集工程尚未开展对其学术成长资料的采集工作。然而，由于袁隆平院士的重要贡献和知名度，团队希望能在第一辑的 8 册里就有一本讲述袁隆平故事的绘本。由于从小就听着袁隆平的名字长大，在选题会上，我们果断抢先一步，领下了创作袁隆平院士绘本故事的任务。

考虑到这是一套由科学史专家主编的人物传记丛书，而且依托于采集工程，具有浓厚的学术底蕴，大家经过反复讨论后决定要将准确性放在第一位，尊重事实，客观讲述，其定位为人物科普绘本，而非文学演绎作品。

那么，应该怎样去讲述袁隆平的故事呢？袁隆平知名度非常高，几乎人尽皆知，要讲述这样一位伟大人物的故事并不容易。在梳理完大量资料后，我们决定重点以袁隆平院士口述、辛业芸老师整理的《袁隆平口述自传》为权威资料来源，同时以其他众多版本的传记、新闻报道、纪录片、影视片为辅助资料，几乎将所有能找到的资料都拿来阅读。

阅读的资料越多，袁隆平院士的形象就越丰满，他的人生像一幅波澜壮阔的画卷在我们眼前徐徐呈现。我们一边阅读资料，一边梳理总结，希望既能准确讲述袁隆平院士的人生故事，又能贴近孩子视角，让孩子们更好地走近这位榜样，从其成长故事中感受其无限的人格魅力。

就这样过了约半年，我们在 2018 年 4 月完成了初稿。由于编辑团队也是初次做原创绘本，便组织了研讨会，邀请绘本研究专家来为我们做指导。结果大家一致认为，文本的语言过于理性，想表达的内容过多，既不适合儿童阅读，画面呈现也颇有难度，需要大幅度调整，乃至重写。

我们并没有气馁，而是调整思路，再次深度去认识袁隆平院士。在一步步深入研究中，我们发现袁隆平院士与很多科学家根据时代所需选择自己的研究领域不同，他是将自己从小的兴趣与时代所需充分结合。袁隆平是出生于北平市（今北京市）的城里人，因为童年时的一次园艺场之旅，从此在他心里种下了一个美好的"田园梦"。等到十多年后报考大学时，他说服父母，成了一名农学院的学生，最终成了安江农校的一名教师。为了让农民能吃饱饭，他潜心研究，最终把目光对准了杂交水稻。在研究杂交水稻时，他做了一个著名的"禾下乘凉梦"，等杂交水稻研发成功后，他又有了"杂交水稻覆盖全球梦"。

这条以"梦"为主题的线索，为这位伟大科学家的人生赋予了浪漫色彩。考虑到绘本容量有限，仅有 16 个对页的呈现空间。反复斟酌后，我们追随"梦"这条线索，以时间为序讲述袁隆平的故事，从他出生时的那个秋天说起，再到童年时的美好"田园梦"，研究杂交水稻过程中的"禾下乘凉梦"，重点突出袁隆平带领团队突破杂交水稻的过程。结尾则提及为了让杂交水稻产量更高，实现美丽的"禾下乘凉梦"，袁隆平不顾年事已高仍然奋斗在科研一线。

如此看来，似乎用不了多少文字便可以总结完整个过程，实际上从 2017 年 9 月正式开始创作，至 2019 年 9 月正式出版，在 2 年的时间里，文字调整贯穿了绘本出版的始终，尤其是绘画逐步完成后，为了与画面互补也精简了不少文字。至于书中所不可避免的科学知识，我们则与编辑团队共同探讨、修改，尽可能以简约、准确的文字将知识作为附录呈现在书的末尾，以保证阅读的连贯性，同时辅以一篇人物小传、图像化的年谱，作为正文故事的有益补充。

尤其需要提及的是，在创作过程中，我们得到了专业人士的无私帮助和大力支持。辛业芸研究员（袁隆平院士的学生，曾任其学术秘书）为本书反复审稿，提供了许多好意见，为本书增色颇多。体现在辛老师身上的严谨精神，想必也是袁隆平精神的一种感召。

二、汲取力量：要做一粒好种子

在研读资料的过程中，我们充分认识到，除了身为"杂交水稻之父"外，袁隆平本身就是一个特别可爱可亲的人。他乐观开朗，喜欢运动和音乐，擅长游泳和拉小提琴，又有着非凡的毅力。从 32 岁那年在安江农校的早稻田中发现了天然杂交水稻，他由此踏上了研究杂交水稻的漫长旅程，直到 2021 年 5 月 22 日逝世，他用 60 年时光为如今我们习以为常的一碗白米饭操碎了心。

他面临过哪些挑战呢？困难数也数不清，最大的问题莫过于权威专家们认为水稻这类自花授粉植物不具备杂交优势。因为水稻雌雄同株，不需要外来花粉就能授粉结实，世界上有不少科学家研究过杂交水稻，都以失败告终。也就是说，在很多科学家看来，研究杂交水稻是行不通的。

袁隆平没有轻信这个结论，他亲眼见过的天然杂交水稻就是最好的证明。在 60 年漫长时光里，袁隆平像农民一样，一得空就钻进稻田里，火辣的太阳在天上炙烤他，狡猾的蚂蟥在田里叮咬他，他都毫不在意。他认准了人工研究杂交水稻的可能性、相信杂交水稻能提升水稻产量，就绝不肯中途放弃。

靠着这股毅力，杂交水稻终于有了显著进展，后来的故事我们耳熟能详：当初那个立志让中国人吃饱饭的青年，在岁月中一天天老去，杂交水稻的产量也越来越高，一步步接近袁隆平那个美好的"禾下乘凉梦"。

在创作本书的过程中，当我们读完那么多资料、做完很多素材笔记后，特别感动并深受鼓舞。袁隆平原本出生于一个条件很不错的家庭，完全可以去过轻松一些的生活，但他从小就立下了农学梦，做好了吃苦的准备。他孜孜不倦、为国为民的求索精神感动着我们，他乐观、豁达的人生态度滋养着我们。

"人就像一粒种子，要做一粒好种子"，这是袁隆平的名言，也是他一生的写照。与其说，我们与绘图作者于洪燕老师，还有主编老师、编辑团队共同完成了这本绘本，不如说是袁隆平的故事给了我们无尽的鼓励，是我们一生都不会忘记的宝贵财富，是这些故事给了我们创作的灵感。而这也是创作人物传记，尤其是科学家传记的重要收获，同读者一样，我们也总能从榜样身上汲取力量。

这本绘本出版后，我们跟很多孩子做过交流，主要是小学生和学前班的孩子们，原本担心孩子们会读不懂书中那些必要的科学知识，即便我们在创作时已经尽力用最简单、清晰的语言去描述袁爷爷在攻克杂交水稻的过程中涉及的科学知识。但是，我们多虑了。绘本的反馈很好，有很多孩子还说以后要成为袁隆平爷爷那样的科学家，要像他一样去研究超级杂交水稻，研究海水稻，要把他当榜样。有不少阅读推广人和老师跟我们说，这本传记绘本很有趣、很简洁、很到位地讲述了袁隆平的故事，孩子们读完绘本后，能主动做到不浪费粮食，要把碗里的饭吃光。可以自信地说，当孩子们读到袁隆平院士的故事，大概率会从这位可爱可敬的老人身上习得乐观向上、永不放弃的可贵精神，而这将是他们受用一生的财富。

三、继续讲述：让灯塔照亮更多人

跟很多人一样，我们至今仍不愿接受袁老已离世的现实，他是那么可爱、可亲又伟大。当风吹过稻田，涌起连绵不绝的稻浪时，这位老人在稻田里忙碌的身影总会浮现在我们眼前。那个在园艺场里畅想未来的稚气小孩，用一生时光追逐梦想、勇挑重任，成了天上一颗明亮的星，指引着人们前行。

我们相信，绘本《一粒种子改变世界：袁隆平的故事》已经完成了它的使命，实现了我们的初衷，把袁隆平院士的故事送到了孩子们的心里。我们也深知，这是袁老自身的人格魅力，与作者并无关系。

如果要说创作这本绘本时有没有留下遗憾，受限于绘本的体量，只能选择一条主线去讲述袁老的一生，无法更全面地呈现袁老的多彩人生，算是一大遗憾。这位伟大榜样的人生还有很多值得讲述的故事。

也正是基于这种考虑，自 2020 年以来，我们又陆续完成了两本讲述袁老故事的图书，分别为面向小学低年级的桥梁书——《要做一颗好种子：袁隆平的故事》、面向小学高年级及初高中学生的青少版读物（尚未上市），从而形成了从绘本、桥梁书再到青少版读物的产品线，这与我们身为图书编辑的职业敏感度有关，希望能将一个优秀的主题图书尽可能地拓展到更多读者群。

纵然图书市场上已经有不少关于袁隆平院士的图书，我们的尝试和努力算是一份真诚的心意，聊表我们对这位老人的敬意。希望能够将这位伟大人物的璀璨人生，用更多元的方式讲述给更多孩子听。

基于这些工作，我们认为做科学家主题的传记图书意义深远，除了讲述科学家的故事，为孩子们树立榜样外，也能让孩子们真切感受到科学家们身上所展现的科学家精神。

什么是科学家精神呢？可以简单总结为热爱祖国、求真务实、持之以恒等，虽然听上去都很大，但实际上就蕴含在科学家的人生故事中，真切又具体。读这样的故事，对孩子们来说，除了能了解那些看似遥远的榜样，获得一种情感上的共鸣和体验外，更是一种无法衡量、润物无声、潜移默化的人生力量，是孩子们成长路上的指路明灯，是无价的精神食粮。

文无定法，诗无达诂。即便是非虚构题材，同一个主题下也会呈现出多种多样的创作形式，文学作家笔下的故事与科普作家笔下的故事各有千秋，前者通常更好读，后者通常更精准。但无论怎样，在尊重事实的基础上，用心、用情去讲述，体现出人物的精神风貌已然足够。对孩子们来说，榜样的力量是无穷的，期待未来能有更多朋友去创作这类图书，为孩子们的成长之路点亮更多盏明灯。

（唐　靖　独立策划人、编辑及创作者）

（韩青宁　原禹田文化知否编辑部主编，

现任青葫芦旗下青果蔓蔓总编辑）

下篇　探索欲的回响：
大小读者眼中的科学世界

导 言

当前，少儿科普图书市场持续繁荣，如何能选到适合青少年阅读的优秀之作？又该如何阅读这些优秀的科普图书？

在选书方面，兴趣是孩子最好的老师。培养孩子对科学的兴趣，并将这种兴趣一直保持下去，是少儿科普图书应发挥的重要作用。要实现这一目标，科普图书本身必须有趣，同时在给孩子挑选科普图书时，应该注意顺应不同年龄段孩子的兴趣特点。

比如，0～6岁是孩子身体和认知发育的关键时期，这阶段的孩子对于整个世界充满了好奇，但他们能接触到的家庭以外的外部环境有限，缺乏抽象思维能力，对自身的认知也处于不断完善当中。此阶段，让孩子通过科普图书认识自身、认识世界就是不错的选择。比如"我们的身体"启蒙认知绘本系列等科普启蒙读物，通过亲子阅读，家长引导孩子对自己的身体器官进行探索和了解，还可以引导和启发孩子进一步探索外部的世界。

而进入学龄阶段的孩子，其兴趣点已经不仅仅是身边的事物了，他们开始对自然世界产生兴趣。在这个年龄段，动物类的科普图书会比较受孩子们的欢迎。这些科普图书不仅可以回答他们关于动物的问题，还可以培养他们的想象力。比如《小象日记》，用日记体的形式，以小象为第一人称的叙述视角，讲述小象跟随外婆、妈妈和阿姨们的脚步一路"象"北的故事。通过阅读这本书，孩子们不仅可以了解关于亚洲象的科学知识，还可以认识它们遥远的生活家园。

《左手南极，右手北极（自然篇）》和"高登义科学探险手记"则带领孩子们前往更为遥远的极地。虽然孩子们可以通过纪录片画面一睹南北极的风光，但是科普图书却可以让孩子们更加系统地认识南北极，了解罕见景色背后所蕴含的科学知识。与此同时，孩子们还可以跟随着作者高登义爷爷了解极地工作者是怎么工作的，极地探索是如何开展的，这也是许多孩子的好奇之处。

《太空地图：火星叔叔带你游太空》则带领孩子们到达了更为遥远、神秘的太空之中。对许多孩子而言，太空是最让他们好奇的地方。在《太空地图：火星叔叔带你游太空》一书中，作者"火星叔叔"郑永春不仅让孩子们了解太空里都有什么，还告诉孩子们太空探索需要哪些科学知识和技术。把关注点从自身逐渐伸向远方世界，把兴趣转化为知识，孩子们通过阅读这类科普图书，可以大大拓展他们的视野，用科学的方法建构对于整个世界的认知。

当然，太空世界中不仅有人类的科学探索，还蕴含着人们的无尽幻想。以《寻找失去的星空》《中国轨道号》等获奖作品为代表的科学幻想故事，可以帮助孩子们免受当下科学知识的桎梏，放飞他们的想象力。想象力是科学的翅膀，人类历史上许多科学发现和发明，都以人类幻想作为原型，比如法国科幻作家儒勒·凡尔纳的科幻小说中所描写的海底潜艇等科学发明，在数年后都成了现实。

在进入学龄阶段之后，孩子们进行科普阅读应不断扩展知识边界，比如《DK博物大百科》和"小亮老师的博物课"系列就可以帮助孩子们更全面地认识自然万物。随着自然科学研究中学科的日益细化，博物学在现代科学中已不再被视为一个独立的学科，但它全面丰富、把自然万物看作一个整体的研究方法，依然对孩子们认知自然世界大有裨益。

当然，孩子们想要全面认识世界，不仅要认识看得见的世界，还要认识看不见的世界，《细胞总动员》《奇妙量子世界》可以带领孩子们深入微观世界，认识眼睛看不见的细胞、量子世界，这不仅可以让孩子们感受到微观世界的奇妙，还可以帮助他们补全对于世间万物的认知。

科普阅读，不仅可以扩展孩子们对于科学认知的广度，更应该帮助他们不断加深科学认知的深度。孩子们除了可以读一些关于科技前沿的科普著作，科学史类的科普图书对他们理解科学也大有帮助。整个人类也有自己的"童年"，"童年"时，人类思考世界万物背后的规律，解决生活中的实际问题，在数万年的时间里，人类经历了从简单到复杂的漫长思考后，科学才逐渐诞生。我们每个人类个体也要经历这一过程，与认知世界，解决生活中的实际问题相结合，孩子们学习科学知识才能更扎实。"彩图青少版中国科技通史"和《天工开物：给孩子的中国古代科技百科全书》可以帮助孩子们了解我们中国的祖先是怎样一步步思考问题、解决问题的，从而认识到科学技术不仅仅是复杂抽象的数字和公式，而是解决我们身边遇到的实际问题的过程。

在科学探索的过程中，科技工作者的作用必不可少。虽然不是每个孩子长大后都会从事科学研究工作，但以科学家为代表的科技工作者所表现出的胸怀祖国、服务人民的爱国精神，勇攀高峰、敢为人先的创新精神，追求真理、严谨治学的求实精神，淡泊名利、潜心研究的奉献精神，集智攻关、团结协作的协同精神，甘为人梯、奖掖后学的育人精神却值得每个人学习，对每个孩子的人生成长之路也会大有裨益。认识科学家，了解科学家精神可以从科学家传记开始。比如，"'共和国脊梁'科学家绘本丛书"不仅可以帮助孩子了解不同科学家的故事，了解他们所从事的不同种类的科学研究，还可以帮助孩子学习科学家身上的优良品格，鼓励他们树立正确的世界观和人生观。

通过阅读一本本科普图书，孩子们在认识科学的道路上不断进步。随着孩子年龄的增长和阅读经验的积累，进入中学阶段以后，他们会逐渐完成从阅读少儿科普图书到阅读成人科普图书的转变，逐渐成为真正具备科学素养的公民。

（张　峰　国家图书馆"馆员荐书"项目负责人、副研究馆员）

一套书读懂上下五千年中国科学技术

——"彩图青少版中国科技通史"评价

"彩图青少版中国科技通史"丛书共六分册，在经过两年精心策划、撰写、编辑后，终于成功问世。编创团队在多年学术研究的基础上，积累非常深厚，思虑较为周全，而且做了大胆的探索和创新，使得这套书具有一系列新的特点。我作为丛书总主编，简要归纳之下，感觉有以下诸点，值得约略言之。

一、专业的执笔团队

丛书的执笔团队值得一提。2016 年由我担任总主编的"中国科学技术通史"系列（五卷本）问世，就因撰稿团队"极度豪华"而引人注目——囊括了国际科学史与科学哲学联合会时任主席、中国科学技

术史学会两任前任理事长、剑桥大学李约瑟研究所时任所长等数十位国内外科学技术史一流学者。

此次"彩图青少版中国科技通史"，依然保持了专业团队撰写的传统。本套书由我确定框架结构，由上海交通大学科学史与科学文化研究院的八位博士执笔撰写。优秀的创作团队，既保证了学术基础的深厚扎实，又带来了国内外相关研究领域的最新成果。

二、内容上贯通古今

在长达数千年的人类文明历史画卷里，王朝的兴衰、帝王的更替、王侯将相的命运沉浮是最为引人注目的，但构成人类文明史最为基本的内容的，却是物质生活条件的持续改善和人类对于自然的不懈探索与研究。随着岁月流逝，昔日的宫殿、城堡大都已化为灰烬，赫赫战功也大都烟消云散。洗去铅华留本色，狂沙淘尽见真金，支撑每一时代人类物质生活方式的技艺却世代传承，反映人类对自然界知识增进的科学理论历久弥新。

之前常见的科学技术史读物，往往将古代和现代人为割裂，并回避谈论当代的内容。例如谈古代通常止于1911年辛亥革命，谈现代则经常止于1949年中华人民共和国成立。"彩图青少版中国科技通史"内容贯通古今，全面覆盖，全套书上起远古，下及当代，中国五千年文明中的科学技术成就，被勾勒出一个完备的整体。

在浩若繁星的中国古代发明创造中，"四大发明"——造纸术、印刷术、火药和指南针无疑是其中最璀璨耀眼的那几颗，它们是中华民族奉献给世界的伟大技术成果，极大地推动了世界科技和文明的进步。作为全系列的开篇，第一册第一章便首先介绍了中国古代"四大发明"——造纸术、印刷术、火药和指南针是如何发明，又是怎样传播到国外的；它们的对外传播对人类文明进程产生了怎样的影响；围绕着四大发明的发明权产生了什么样的争执；我们今天应该如何正确看待"四大发明"等。

系列中第一册第二章、第三章和第二册系统地介绍了中国古代在天文学、地理学、医学、数学、农学、博物学等科学领域所作出的巨大贡献。系列第三册、第四册主要介绍中国古代在技术领域所取得的重大成果，这其中既有与百姓生活息息相关的纺织、烹饪、衣食、建筑、航运等方面的发明创造，也有天文仪器、乐器、冶金、陶瓷、水利工程等领域的辉煌成就。

系列第五册、第六册则从中外交流的角度，梳理了数千年来中外科技交流的历史。自汉代以后，中国科学技术曾受到过古希腊、古巴比伦、古印度和古阿拉伯等地区外来科技文明的影响。明末清初欧洲天主教传教士来华，徐光启、利玛窦等人尝试将西方科学整体移植到中国。从 1840 年鸦片战争开始至今，在不到 200 年的时间里，中国科学技术由落后到跟跑再到领跑，实现了历史性的巨大跨越。

三、论述时提要钩玄

中国古代科学技术蕴藏在汗牛充栋的典籍之中，凝聚于物化了的、丰富多彩的文物之中，融化在至今仍具有生命力的诸多科学技术活动之中，确实需要下一番功夫去发掘、整理、研究，才能揭示它博大精深的真实面貌。

要在有限的篇幅中，以适合青少年阅读的形式和风格，勾勒出中国五千年科技成就的整体面貌，这对我和团队执笔的博士们，都是一个严峻的挑战。在这种情况下，选择是必不可少的，而且是高难度的。我们遵循的原则是：既要保持知识体系的相对完整和正确，又要能够唤起青少年对中国科技史的兴趣。实现前者的路径是"提要"，实现后者则需要提供适当的个案和细节，路径可谓之"钩玄"。最终"彩图青少版中国科技通史"通过 14 大科学领域、上百个人物故事、近千幅与内容相呼应的图片，以及数千个知识点，勾勒出中国上下五千年文明中科学技术成就的整体轮廓。尤其是中华人民共和国成立后的重要科学技术成就，从"两弹一星"到高铁，直至屠呦呦首获"诺贝尔奖"，皆有重点论述。

四、分类大事年表和精美插图

科学史中不是每一个部分都能唤起青少年读者的兴趣，也不是每一个部分都能让青少年读者轻松理解，所以我们的选择，肯定不能追求全面覆盖中国科学技术通史的所有知识。"彩图青少版中国科技通史"所采用的分类大事年表，在同类读物中不失为一种创新，不仅方便读者记忆重要知识，而且能够帮助建构相关知识的相对完整体系，实有一举数得之效。

这种分类大事年表，实际上是传统的"大事年表"和"名词解释"的精简结合版。由于我们在编撰"中国科学技术通史"系列时已经积累了这方面的经验，所以在应用到"彩图青少版中国科技通史"上时，"工艺"已经比较成熟。简约的文字、极具辨识度的图标、清晰的时间线、关键时间节点的中外对比，仿佛一张导游图，带你重新梳理五千年来人类科技进步的足迹。

全套书配有近千幅精心选择的插图，它们中既有来自中国国家博物馆和故宫博物院的"镇国之宝"图片，也有全国各地博物馆和文物部门的珍贵藏品图片，还有来自英国国家博物馆、美国大都会博物馆等与中国科技有关的难得一见的图片，这些插图也使得本套书具有较高的史料价值和收藏价值。图文的完美结合，为读者呈现了中国科技上下五千年的视觉盛宴，让读者在科技长廊中轻松漫步，流连忘返。

图片选择不当、图片位置不当、图片内容误认等，都是图文书中容易出现的问题。本套书从各种来源采择了近千幅图片，避免上述差错的任务相当繁重，为此本套书撰写团队和编辑团队都付出了极大的努力。在编辑团队初步选择并排版图片之后，撰写团队再分工一张一张审核图片；完成审核后再回到编辑团队手中，出现疑问时再由我逐张判断、解释，直至双方皆无疑问异议，这才定稿。这样的程序虽然烦琐，但是能够保证图片准确无误，使得本套书真正当得起"图文并茂"之誉。

五、避免与学校科学课程重复

目前市面上有关中国科学技术类的图书，多为百科类读物或某一领域的专著，要么是讲述中国科学技术的某项发明创造，要么专门介绍有影响力的科学家、发明家的生平故事，要么是介绍某一部或几部古典科学技术著述，对中国科学技术作系统、整体介绍的书籍，可以说是少之又少。

我们在设计这套"彩图青少版中国科技通史"时，一直在思考一个问题：对于青少年读者来说，读科学知识和读科技史，哪个更合适呢？我们的答案是：读科技史读物更为合适。理由至少有以下两个：

首先，在青少年未来要接受的学校教育中，本来就会有系统的科学知识课程，课外读物再去读科学知识，难免会与学校的科学课程重复，造成时间精力的浪费。

其次，对青少年来说，学习如何做人，比学习如何做事更为重要。科学知识主要是教人如何做事的，而人文熏陶才能教育青少年如何更好做人，而科技史正是沟通科技和人文的桥梁，优秀的科技史读物，恰好可以给青少年提供良好的人文熏陶。

六、重新审视中国传统科技成就，此其时矣！

中华民族的科技活动有着悠久的历史，曾经为人类发展做出过巨大的贡献。中国古代在天文历法、数学、农学、医学、地理学等众多科技领域取得了举世瞩目的成就。英国学者罗伯特·坦普尔1986年出版的《中国——发明和发现的国度》一书中，统计了现代世界赖以建立的300项基本的发明创造，其中中国占173项，远远超过同时代的欧洲。坦普尔认为，"如果诺贝尔奖在中国古代就已设立，各项奖金的得主就会毫无争议地大都属于中国人"。

以前有一种影响相当广泛的说法：中国古代即使有一些科技成就，但中国到近代已经全面落后于西方，所以现在再讲中国古代的那些成就，已经没什么意义了。有些人甚至认为还有坏处，会妨碍中国今天的进步。

然而，随着中国近年在经济和科技上的全面崛起，中国不仅在经济上至少已经坐二望一，在科技上也已经开始迅速赶超西方。在这样的现实面前，我们难免会思考这样的问题：既然我们今天可以领先，那我们以前曾经的那些领先，为什么不可以有全新的意义呢？

比如都江堰，这一两千多年前的大型水利工程，至今仍然灌溉着富饶的成都平原，放眼全球，这样的技术成就也是极为罕见的。重新回顾中国古代的科技成就，将和当下的文化自信、道路自信，发生密切的、有机的、深具内在性的联系。

（江晓原　上海交通大学讲席教授）

追忆童年的渴望与美好

——评吴岩的《中国轨道号》

吴岩是新时代以来不断给人惊喜和期待的科幻文学家，他 2020 年出版的长篇儿童科幻小说《中国轨道号》，突破了科幻文学描绘未来的创作传统，追忆"童年的渴望"与美好，在儿童的世界里再现历史的空间，弘扬中国载人航天精神，向科学家致敬，向童年致敬，给人温暖和成长。

一、中国人永远会在自己的轨道上飞行

在科幻文学的长河里，有一类描绘人类对未来太空探索的星际旅行作品，以其蕴含的神秘与探险元素而深受儿童读者欢迎。吴岩的《中国轨道号》延续了这类题材，却大胆地将描绘未来的太空探索拉回到已经过去了的"童年的渴望"里，讲述作者童年记忆里中国载人航天创始阶段的故事，给人耳目一新的阅读体验，让读者对我国载人航天至今取得的伟大成就感到自豪。

《中国轨道号》给人灵魂震撼的力量，中国第一代航天人从内心深处喊出了时代最强音——"中国人永远会在自己的轨道上飞行！"他们用忠诚与生命谱写的这一中国航天精神，激励了一代又一代中国航天科学家的成长。20世纪70年代初，中国秘密启动了载人航天工程，空军装备研究所（简称"军装所"）接受军委下达的为中国载人航天工程研制"中国轨道号"项目的任务，航天工程师的孩子们预感到父母们在悄悄从事一项伟大的事业，他们有了强烈的好奇心和莫名的崇高感，"渴望"以自己的方式融入这场伟大的航天事业中。父辈们从培养中国航天事业接班人的高度，围绕孩子们感兴趣的"中国轨道号"项目，策划组织了相关科研考察活动，培养孩子们的太空探索兴趣，激发孩子们爱科学、学科学的激情，锤炼孩子们敢于探索、敢于幻想、敢于奉献的科学家精神，最终让孩子们融入父辈们为之奋斗牺牲的中国载人航天事业。小说将儿童个体成长与家国前途命运相结合，揭示了中华民族伟大复兴的道路自觉——"中国人永远会在自己的轨道上飞行！"这既是贯穿整部作品的主题，也是那个时代全体中国人的心声；既是"小岩"们"童年的渴望"，也是今天孩子们应该继承与弘扬的中国航天精神。

《中国轨道号》以严密的艺术结构和宏大的主题叙事，在儿童的世界里再现历史的天空。全书共四章65节，就像65场小戏组成的四幕大剧，上演了1972年北京同福夹道4号军装所大院内，因为"中国轨道号"项目而发生在孩子们身上的一系列故事，故事的情节发展依据"中国轨道号"项目立项、推进、攻关、完成四大科研阶段来设计，形成全书以"水系""舱门""飞罄""飘灯"命名的四大部分。小说以"科幻＋回忆录"的文体实验，打通了过去与未来的本质联系，让未来成为现实的一部分。又以第一人称在场的叙事方式，在儿童的世界里反映"中国轨道号"载人航天项目科研的全过程，完美诠释了"中国人永远在自己的轨道上飞行!"的航天精神,激励儿童读者以科学家为榜样,坚定理想、信念,学会自尊、自立、自强,张开科学幻想的翅膀,永远飞行在中国人"自己的轨道上",实现"童年的渴望"而不留遗憾。

二、在科幻世界里描写"童年的渴望"

《中国轨道号》是一部常见又典型的反顾童年式的儿童文学作品,不同的是作者将"童年的渴望"以科学幻想的方式去呈现,超越了一般"童年趣事"的简单回忆,而带有童年反思的性质。作者在书前题记里写道:"每当我怀念过去的时候总能看到未来的影子,久而久之我终于明白,笔下的故事都只是童年的渴望……"这给人们两点启示:一是《中国轨道》虽然是"怀念过去"之作,用意却在"看到未来",未来的大树深扎在过去的沃土里;二是《中国轨道号》写的是作者"童年的渴望",既然是"渴望",就可能是童年时代还没有实现的愿景,作者在这部小说里"实现"了。因而,作者在后记里说:《中国轨道号》是一本假想的自传,是给我自己用来重温过去的。"既然是"自传",为什么又说是"假想"的?因为作者把那些"未来的影子"和"童年的渴望"都写进了《中国轨道号》里。"所以,说记忆也不是记忆。如果问我当时的小伙伴,应该没有人记得小说中的事,因为这些事情在他们身上从未发生过。"因而,《中国轨道号》表达了作者两种情感:一是怀念童年,再现童真,在儿童的世界中再现历史的天空,这是写过去的现实;二是重温童年,描写纯真,在儿童的世界里实现童年的渴望,这是写未来的科幻。现实与科幻就这样融入童年生活里,过去与未来也自然成为儿童形象的双重人格,这也与儿童形象自身蕴含的社会意义相符,儿童代表未来和希望。

小说成功塑造了"小岩"这个儿童形象。小岩生在军人家庭,是个小学三年级的学生,有着超出同龄人的智慧和成熟。一方面,小岩就是小时候的吴岩（作者），作者把自己小时候的生活体现在小岩身上，小岩就是吴岩小时候的样子。另一方面，小岩又不是小时候的吴岩，是作者以自己童年生活原型再造的一个文学形象，小岩是吴岩小时候的升级版。小岩不是传统意义上听话乖巧的"好孩子"形象，而被赋予了独立思考与行动的有阳刚之气的"小大人"气质。在小岩的人物形象身上，满足了作者的怀旧心理，表达了作者"童年的渴望"，是作者对童年的告别和怀念。

描写"童年的渴望"是推进小说情节发展的内动力。第一章"水系"里写"我"和王选之间因为"火星探险夏令营"名额而发生的矛盾，其实是两位少年内心都渴望参加围绕"中国轨道号"项目设计组织的外星球科学探险夏令营活动。第二章"舱门"里写发生在大院里的"孩子们的战争"，也是那个时代优秀孩子应该有的"政治觉悟"，不能让崇洋媚外的孩子加入夏令营科考活动。第三章"飞銎"里写"我"与白发怪人——航天科学家老汪的故事，老汪为解决宇宙通讯难题这一心中的"渴望"付出了生命的代价。第四章"飘灯"里写"我"继续老汪的科学实验，最终将老汪和科学家们的"渴望"变成了现实。那在除夕之夜冉冉升起的"飘灯"，是对科学家"老汪"的祭奠，也宣告承载所有人"渴望"的"中国轨道号"，终于走在了"自己的轨道上"。

三、爱是人间最美好的情感

吴岩说，"爱这个宇宙、爱你的人生"是科幻写作的密钥，这也是解读《中国轨道号》的一把钥匙。爱的母题历来是文学创作的永恒主题，《中国轨道号》在描写"童年的渴望"时，书写了中国科学家的美好情感，将爱国爱孩子的美好情感，统一在中国载人航天工程这一伟大事业上，小说有一种温暖和崇高的力量。

爱祖国是一切力量之源。以小岩父母和顾所长等为代表的中国航天人，之所以能创造中国航天奇迹，源自他们对祖国母亲的爱，这种爱国之情也传递给了孩子们。爸爸给小岩介绍新来的军装所顾所长，说她"是个热爱祖国的洋博士"。顾所长在小岩家自我介绍，说自己"在德国是学生物的"，现在改行做超新型计算机的检测工作，是因为"在咱们这样的国家，大家的专业方向都要根据国家的需要随时转换"。部队机关为孩子们举办"火星探险夏令营"活动，顾所长强调，"入选的孩子一定要热爱祖国、热爱部队、热爱空军特种兵事业"。大人们的爱国心也深深感染着孩子们，王选自豪地说："生活在咱们这个幅员辽阔的社会主义国家真是太幸福了。"周翔有一个愿望，要把首都搬到国家最中央的地方，这样"远离国境线，才能保证毛主席的安全"。小说最后写军装所为冬冬举办"选墨水"仪式，冬冬"抓起了蓝黑的墨水瓶子，并把它高高举起！""代表跟随我们的飞船进入幽暗的宇宙，在太空建立保卫和平、防止外来侵略的屏障！""爱你的祖国"与"爱这个宇宙"在航天人情感里是统一的。

母爱是人间最美好的情感。母亲对小岩的爱也是贯穿整部小说的重要情感线。母亲不仅给了小岩生命，还全身心地保护他健康成长，体现出那个年代难能可贵的进步儿童教育观——尊重、平等，理解、信任，鼓励、引导，无私、奉献。"水系"一章写小岩得知母亲因车祸入院时，有一段内心独白，从孩子视角表现母爱的伟大。"我1岁的时候得了四场大病：白喉、猩红热、百日咳、麻疹，每一种都是致命的，是妈妈凭借坚定的信念和无微不至的照看把我从死亡边缘拯救了过来。她一点一滴的关怀不但使我身体康复，还让我逐渐建立起对自己的信心。妈妈总是在别人面前夸我，说小岩是世界上最聪明的孩子。就像是肯定我对数学的热爱一样，她肯定我所有的优点并且让这些优点继续在我身上发扬光大。"在"飘灯"一章，小岩因为老汪的遭遇变得极度失落，"后来我才知道，将我从那种会浸染一生的忧郁中解脱出来成了妈妈在那个时候最想做的事情。因为我是她的儿子，她为我做什么都在所不辞。"这就是母爱！任何时刻，母亲总想着为孩子遮风挡雨，甚至付出生命。

母亲总是在默默陪伴中用心引领孩子成长。小岩爱思考人生，母亲就和小岩一起思考。小岩说："即便仅仅是小学三年级的学生，我却常常思考自己未来的人生。在未来，我会去做什么？跟谁在一起？"当小岩为王选不肯答应和他一起探索北京"水系"而烦恼时，母亲对小岩说："世界上没什么事情是容易做成的。《三国演义》里面有个'三顾茅庐'的故事，你知道吧？"当小岩与王选因为争取"火星探险夏令营"的一个名额发生争吵时，母亲对小岩说："要根据对方的想法和自己的想法来协调。我相信你跟王选能做好这次选择。"当小岩悔恨自己弄坏了母亲的自行车而导致母亲骑车发生车祸时，母亲对小岩说："许多事情根本用不着隐瞒，实话实说才能预防危险。这是做人的底线！"在母亲的引导下，小岩明白了许多道理："书本上的东西都是死的，但世界是活的，宇宙是活的，人也是活的。""要想办法让人生变得更有意义。""无论在什么年代，每一个人都必须执着地忠实于自己的梦想，这样生命才能更有意义。"小说最后一段写大年三十，"那个晚上，妈妈搂着我站在雪地里看灯的样子我永远不能忘怀。我们周围，漫天飞舞的除了大雪，还有我们成功点燃的、通向另一个宇宙的光亮。"小说定格在母爱的温馨画面里，浓缩了爱祖国、爱母亲、爱宇宙、爱人生的美好情感，有着浓郁的抒情性和象征意义，这份美好的情感也激励今天的孩子们为中华民族的伟大复兴而努力奋斗。

（韩　笑　中国科学技术大学出版社编辑）

从神奇百变的艺术角度
讲述化学的有趣故事

——评《实验室的魔法手册》

国际顶级学术期刊《自然》（*Nature*）曾于 2006 年刊登过一篇文章，题目是 *What's in a Name*（《名字代表什么？》），探讨了关于化学名声的问题。文章指出，化学给公众的印象通常是负面的，提起化学，人们首先想到的是危险和污染，而事实上，化学和数学、物理一样，是一门实用性很强的重要基础学科，人们通过化学这一有力工具推动了文明的进步和社会的发展。通过科普，让大众了解化学的重要性，消除对化学的误解，是十分重要且有意义的。由于化学是一门兼具科学性和实践性的学科，很多专业知识和化学实验被大众所理解和接受还是有一定难度的，因此做到有一定深度的化学科普是不容易的。

这本《实验室的魔法手册》的作者是一位走上了艺术之路的化学学霸，他尝试从生活和艺术的角度来讲述化学，使化学不再仅仅是枯燥的实验，而是散发出色彩、光和热等生动魅力。书中介绍的近 70 个有趣的化学实验，均来源于作者的亲身实践，他通过高超的摄影技术拍摄了大量彩色图片和视频，再结合文献资料和化学知识，用图文并茂的形式完成了本书的创作。书中一个个实验的展示，就如同在实验室中变魔法一样，体现了化学实验的趣味性和化学知识的重要性。书中对相关知识点、原理和注意事项均进行了详细阐述，对于青少年了解化学知识很有帮助。此外，对于喜欢化学的成年读者来说，这本书也是难得的化学类科普读物。

一、从生活和艺术的角度呈现化学之美

本书主要分为色彩、光、燃烧和电流四大篇章，四部分内容均与我们的生活息息相关。化学和艺术之间最显著的关联就是色彩，因此作者抓住呈现化学之美最直接的特征，从一个多彩的世界开始讲述化学世界里的五彩缤纷。不同物质因其结构不同可呈现出不同的颜色，同一种元素因其价态不同也会表现出较大的颜色差异。书中的彩虹溶液实验，充分展示了不同种类金属离子溶液可呈现出红、黄、绿、蓝、紫等美丽的彩虹色。色彩与化学章节结束后，第二篇章是我们生活中最重要的能量源——光，作者从反应发光和光引发反应的角度，让读者了解了很多有趣的光化学现象。比如在用光作画的实验中，由硝酸铁、草酸、铁氰化钾、气相二氧化硅、表面活性剂混合而成的黏稠糊状混合物成了"颜料"，将其涂在平面上，被光照到的地方就会由绿色变成蓝色，其原理是光照射某些物质会发生反应导致物质的结构发生了变化，进而产生了颜色变化。

发光现象中，涉及的一个重要的化学概念是"氧化"，与之对应的是"还原"。作者在第三篇章中进一步从"氧化""还原"这两个极端的化学反应中引出了"燃烧"，而"燃烧"是我们人类走向文明的开始。

燃烧过程中我们常见的是黄色的火焰，而其实物质燃烧的火焰不一定都是黄色的，比如铁粉和锌粉燃烧时会分别呈现出黄色和蓝色。此外，书中还讲到，我们生活中见到的铁块不能点燃，是因为其与实验用的铁粉与空气接触的表面积不同。作者接下来又通过面粉爆炸和燃烧的钢丝绒实验告诉我们，燃烧不一定需要明火来点燃，静电、摩擦产生的热量，甚至电池都可以引发燃烧甚至爆炸。基于此，作者总结了物质燃烧的三要素：可燃物、着火点和氧气，使读者对于氧化还原反应和物质燃烧的本质有了更深入的了解。更进一步，通过激烈的燃烧实验铝热反应等，展示了光与火的盛宴。通过燃烧可以短时间释放巨大的能量，虽然具有一定危险性，但是对于含能材料的发展，以及在航空航天、军事国防等领域的应用具有重要作用。而延迟点火和烟花的水下燃烧实验，让读者打破常识，了解到如何实现"水火相容"和"用冰点火"，同时也让大家意识到，水不是万能的灭火剂，有时候也有可能是帮凶，会让燃烧更猛烈甚至发生爆炸。

最后一个篇章讲到了我们生活中常见的电流。作者选择生活中常见的水果、铝箔、易拉罐搭建了不同类型的原电池，讲述了原电池的原理，如何实现将化学能转化为电能。而后又逆转思路，搭建了将电能转化为化学能的装置，即电解池，该原理可应用于我们生活中的充电。

翻开本书，最醒目的是各种色彩绚丽的照片，仔细阅读，发现很多实验的取材都是来自生活中常见的物品，比如色彩实验中用到了鲜花、紫甘蓝和红酒；光亮实验中用到了照片纸和硬币；燃烧实验中用到的面粉和小熊软糖……这些均是本书将艺术、生活和化学结合的具体体现。

二、多维度阐述将化学实验从平面变为立体

本书所有的实验都是作者亲自实践过的，对每个实验的原理理解是

较为深刻的，因此他才能通过自己的编排，将每一个化学实验全面完整地阐述出来。可以发现，书中的任一实验都可以独立阅读，但每个章节的内容编排却不是无序的，作者从贴近生活的化学现象开始，逐步递进到更专业的化学实验。每个新实验都与上一个实验的内容有关联之处，它们要么涉及同一个重要的物质和反应，要么实验过程更加复杂。比如第一个实验涉及重要的氧化试剂过氧化氢，接下来作者通过单线态氧的红光实验进一步加深大家对过氧化氢作用的了解，又介绍了单线态氧的蓝光实验，环环相扣，最后引入红与蓝双色荧光实验。这样的形式可以带领读者逐步探索，渐渐丰富认知。

对于每个实验的解读，作者使用了实验报告的形式，但内容又不局限于"报告"。作者从多维度将每一个化学实验以立体的方式呈现。对于实验涉及的重要试剂和特征先做出阐释，并详细介绍相关知识点。比如在发光现象的实验章节，先讲解荧光和磷光的区别，使读者对于两种光有了新的认识。然后列出实验用到的试剂和其重要性质，并给出了详细的实验步骤以及重要物质的化学结构式，最后详细解释实验的核心，包括实验原理、化学反应过程、反应方程式等，使读者对于整个实验过程和原理有了清晰的了解。

除此之外，对于实验涉及的危险之处，专门添加了红色警示框，告知读者该实验存在的潜在危险，比如有些物质是具有毒性或致癌性的，取用试剂时要格外小心；有些实验会产生有毒气体，需要在通风橱内进行；有些试剂易导致过敏，需要做好防护，避免接触皮肤和黏膜；有些物质易燃或易爆，需要提前采取安全措施。对于实验中涉及的某些重要物质和现象，还会进行补充说明。更难得的是，作者不仅详解了实验过程，有时还会将该实验的原理与生活中的实际应用相联系，比如在讲述双草酸酯经过氧化氢氧化发出彩色荧光的实验时，作者就告诉读者这一实验可以用于制作荧光棒。

通过丰富的图片，具有逻辑性的编排和多维度的讲述，作者构建了一个个立体的化学实验，使读者除了理解实验操作之外，还可以掌握相关的化学知识，了解其在生活中的实际价值。

三、讲好化学故事传播科学知识

科普的意义一方面是传播科学知识，另一方面是为了提高公众对于科学的认知和理解。本书中不仅讲述了一个个魔法实验故事，还穿插了其他重要的化学学科相关知识。在序章部分，作者介绍了一些基本的化学知识，让初学者能够了解基础的化学概念，包括物质的纯度、分子、原子、化学反应等，对于实验室常见的实验器材，包括试管、烧瓶、天平、漏斗等也采用照片配合文字进行了详细介绍。书中还解释了很多重要的知识点，包括光的反射和透射、元素的价态、酸碱指示剂、缓冲溶液、氧化还原反应、化学键的类型等，尤其是纠正了一些人们对于化学知识常见的理解误区。比如提到与化学相关的酸，最熟悉的就是硫酸、硝酸和盐酸，由于这三种酸具有较强的腐蚀性，潜意识里大家会认为酸性就等同于腐蚀性，而事实二者并无必然联系，物质的腐蚀性是相对的，一种物质的腐蚀性要看它的对象是什么。

尤其值得关注的是，书中对于一些物质和化学现象发现的历史，以及推动相关领域发展的科学家进行了介绍，使读者了解到了科学的发展是一个不断发现、更新和进步的过程，而科学家们在此过程中起到了重要的推动作用。

四、结语

尽管书中所介绍的都是有趣的、具有较强的实践性和可操作性的实验，但主要还是以激发读者兴趣为主，大家还是不要轻易在家自己做化学实验。作者也多次强调，很多化学反应还是需要在特殊的环境条件下开展的，而且实验结束，相关废弃物也需要专门的方式进行处理，不然也会造成污染和危险。但也不用惧怕化学实验，只要事先做好准备和防范措施，规范操作，很多危险是完全可以规避的。

化学是认识自然、利用自然、改造自然最有力的工具，本书作为科普读物，主要还是通过专业性趣味实验介绍了一些化学基础知识，让人们对化学现象和实验科学有了更好的认知。当今化学学科的发展日新月异，且与材料科学、生命科学、环境科学相互交叉，衍生出材料化学、生物化学、药物化学、环境化学等多个专业方向，赋予了化学这门基础学科更丰富和更广阔的前景。功能材料的制备，生物过程的认知，自然环境的改造，新能源的开发，很多都是基于化学的原理和过程。总体而言，目前化学类的高质量的科普读物相对稀缺，希望未来能有更多从事化学和相关学科研究工作的专家学者加入科普工作中，让更多人了解化学的发展，怀抱兴趣加入科学研究工作，为自然科学的发展和我们更美好的未来而努力。

（李　文　上海大学材料科学与工程学院教授）

科学家传记绘本创作原则与手法探析

——以"'共和国脊梁'科学家绘本丛书"为例 *

科普绘本是科普图书的一个门类，无论是引进还是原创作品，在少年儿童中都颇受青睐。科普绘本的一个显著特色是内容以相当篇幅的绘图呈现，用画面阐释、补充、拓展少量文本的阅读，并给读者留有想象空间。所有题材的绘本均是如此。但绘本形式对科普图书而言具有特别的意义，因为相较于一般文学题材的绘本，科普绘本呈现的主题、科学原理、仪器设备、工程机械、场景等要专业、复杂得多，故绘本在表现力以及帮助读者加深理解的层面上会更有效。这是科普绘本较一般科普作品在少年儿童中更受欢迎的主要原因，也是其最大特色和立身之本。

而科学家传记绘本，指的是一种基于科学家的生平事迹，围绕其主要科学发现进行创作、加工的科普绘本。近年来，国内原创的科学家传记绘本形势渐好，原因大致有两个。首先，国家层面积极倡导和弘扬科

---

* 本文发表于《科普创作评论》2020 年 9 月第 3 期，有改动。

学精神，为科学家传记绘本的繁荣创造了条件。科学精神是科学工作者从事科学事业坚持和维护的集体信念和精神操守，科学家传记绘本是弘扬和传播科学精神的极佳形式，特别对少年儿童具有积极的引导作用。其次，随着我国科学综合实力的日渐提升，相应的科学文化建设也需要优秀的科普作品加以支撑，一些富有远见卓识的图书公司整合团队资源，瞄准了科学史这块"富矿"，与相关科研机构或科学史学者合作，尝试将"高端科研资源科普化"，策划、创作并推出了一批颇具社会影响力的科学家传记绘本。

在当前这种大好形势下，科学家传记绘本的创作应该遵循哪些原则，又有哪些成熟的表现手法值得借鉴或推广，这正是本文试图讨论的话题。为避免泛泛而论，本文以北京少年儿童出版社 2019 年出版的"'共和国脊梁'科学家绘本丛书"（以下简称"丛书"）为例展开评述。"丛书"共分 8 册，以科学家传记绘本的形式分别讲述了竺可桢、钱学森、何泽慧、吴征镒、刘东生、梁思礼、袁隆平和屠呦呦的故事。

一、科学家传记绘本创作的原则

（一）真实性原则

科学家传记绘本的真实性原则是指事件的主要情节或故事梗概的取材要有基本的事实依据，而非无中生有，更不可胡编乱造；人物要符合其身份特征、时代特征；科研工作的场景画面，包括使用的仪器设备等，应体现时代特色和历史风貌，尽可能避免"穿越"画面。

"丛书"在创作上基本遵循了真实性原则。无论其文本创作还是画面呈现，很大程度上得益于 2010 年由中国科学技术协会联合中国科学院、中国工程院等 11 个部委实施的"老科学家学术成长资料采集工程"（以下简称"采集工程"）。比如其中的《中国的"居里夫人"：何泽慧的故事》，直接取材于中国科学院大学刘晓教授承担的何泽慧院士的采集工程项目成果——《卷舒开合任天真：何泽慧传》，同时刘晓参与了绘本审稿。一些内容即使不是源自"采集工程"，也取材于权威、可信的自传或回忆资料，比如《植物的好朋友：吴征镒的故事》主要素材取自吴征镒口述、他人整理的《吴征镒自传》及吴征镒的《百兼杂感随忆》。

就画面的真实性原则而言，"丛书"也可圈可点。一方面，一些画面直接脱胎（或摹绘）、改绘自历史照片。比如《揭开黄土的奥秘：刘东生的故事》有一幅刘东生在野外考察的画面，他倚杖驻足、眼睛顺着抬起的左臂眺望远方。该画面摹绘自刘东生野外考察的一张照片，画面的一些细节，比如他右手所持的笔记本、上衣的纽扣等均与原照吻合。再比如《第191号的发现：屠呦呦的故事》中有一幅2015年屠呦呦在斯德哥尔摩音乐厅上台接受颁奖的画面，画面框架来源于一张现场照片，但又有所加工，或者说是基于现场照片的改绘。这种取材于真实场景的画面从创作难度而言低于一幅重新构思的画面，但其优点在于能客观、真切地反映主题人物、科技事件的历史场景，现场感、历史感极强。

但这种摹绘或基于照片改绘的场景在绘本中并不是越多越好，否则绘本将变成一本加了旁注的"旧影集"，失去了绘本应有的功能。同时，如果一册绘本过多地依

赖历史照片，在某种程度上将影响绘本的"形象性"，会使画师的创作能动性受到一定的约束、限制，故一册科学家传记绘本，摹绘或改绘的画面所占全书的比例不应该太大，就笔者所见，不宜超过四分之一的比例。

另一方面，"丛书"在场景的典型建筑物方面也费了心思，参考了老照片和历史资料，加强了故事的真实性、可信性。比如《为大自然写日记：竺可桢的故事》提到竺可桢早年在南京创立了北极阁气象台，其中气象台塔楼的形象显然参考了相关资料，包括塔顶设置的风向仪等设施也一如当时。此外，作者在一些重要的科研设备的描绘上也下了功夫，比如《中国第一代航天人：梁思礼的故事》中出现的当年研制导弹时使用的手摇计算器，是符合真实历史的。

当然，真实性原则实施起来并不容易，稍一疏忽，便会留下瑕疵、造成失误。仍以"丛书"举一例，《一粒种子改变世界：袁隆平的故事》开篇谈袁隆平降生，画面场景是北平（今北京市）的银杏叶纷纷落下。但袁隆平生于 1930 年 9 月 7 日，尽管从时节上说已算初秋，但 9 月的北京天气尚热，银杏叶绝不会泛黄落下，如此景象通常要在 10 月下旬、11 月上旬才会出现。可见，在创作的时候，应该处处小心，多方核实资料。

（二）形象性原则

科学家传记绘本的形象性原则与一般绘本的这一原则相比并无特殊之处，主要是指创作、呈现的人物、事件、场景要尽可能生动形象，在保证可读性的前提下，画面疏朗而不堆砌，色彩明丽而不媚俗，人物表情自然而不做作，人物与场景的搭配协调而不生硬，等等。

在《折纸飞机的男孩：钱学森的故事》中，有一个场景是 1955 年钱学森终于冲破重重阻挠，和妻儿乘坐"克利夫兰总统号"轮船回国。

画面上轮船正在破浪前行，在跨页的幅面上占据了近一半的空间，天上飘着白云、海面上飞翔着水鸟，钱学森一家四口站在甲板上眺望远方。整幅画面既有视觉冲击力，又富有想象力，完美展现了钱学森踌躇满志归国效力的决心和光明的远大前程。

类似的表现手法如《为大自然写日记：竺可桢的故事》中的赴美留学场景，同样是伫立在船舷旁、目视远方，水鸟在海面飞翔，不同的是竺可桢是因考取了"庚子赔款"留美名额而正远渡重洋，他对前途充满憧憬的同时，对未来的不确定也有些迷茫，故眼神流露出几分不安。画师通过竺可桢的眼神，向读者传达了许多文字无法承载的内容，可谓"不著一字，尽得风流"。

再如《植物的好朋友：吴征镒的故事》，有一场景描绘抗战时"长沙临时大学"南迁昆明组建"国立西南联合大学"，吴征镒和一队师生徒步穿越湘西和贵州，历经 68 天抵达昆明。画面上正倾盆大雨，师生们戴着草帽、背着行囊，正在翻山越岭。画面的右上角是一株树，几束花朵在雨中绽放，格外引人注目。这株树和画面左下角的几种植物对应了文本提到的沿途遇到的"陌生植物"，而绽放的花朵又蕴含了"光明未来"的意思，使画面达到了具象美与意境美的统一。

（三）逻辑性原则

好的科普绘本，应该注意处理、协调好上述两原则，力求达到真实性与形象性的完美统一。《为大自然写日记：竺可桢的故事》以倒叙的方式开篇，表现了晚年时的竺可桢在北海公园观察物候的场景。远处是北海白塔，近景是波光荡漾的湖面，岸上有微风吹拂的柳枝，在岸旁柳树下，有一位清瘦的老者，正密切注视着湖对岸，左手托着一个笔记本，右手似乎要记录下什么。这真切、形象的画面，刻画了这位著名

气象学家、物候学者数十年如一日的工作，契合了文本所写"年复一年，老人用这样的方式给大自然写日记"，真实性与形象性在这里融合得天衣无缝。

但是稍有疏忽或考虑欠周，便有踏入"陷阱"的危险。比如《一粒种子改变世界：袁隆平的故事》结尾画面，袁隆平依旧在金黄色的稻田里奔波，从未停下脚步。可能是画师打算表现稻田丰收的景象，稻田中成排的电线杆上画了许多麻雀，还有的麻雀正在稻田里啄食，有的在空中飞舞，一派喧嚣景象。然而如此形象的画面肯定不真实，试想若袁隆平真在现场，面对此景他怎能不揪心：这么多鸟儿要糟蹋多少稻谷呀！造成这一"不和谐"的原因可能是画师没有农村生活的体验，画面看上去生动形象，但不符合常理，这种情形应尽量避免。

二、科学家传记绘本的创作手法

所谓手法，其实就是技巧或方法。上面谈的三大原则，本质上也是手法，只是比较宏大而已，这里谈的手法主要指科学家传记绘本中画面表达、呈现的一些小的技巧或方法。

（一）时空转换的处理

绘本在呈现故事情节时有一个缺陷，因它无法像影视剧一样在某一时间范围内连续地演绎、展现，而是选取与文本相呼应的典型瞬间场景作为画面内容。这样自然给画师在画面构思、设计上提出了一定挑战，如何通过有限的瞬间画面表达延续性事件，也即画面如何处理时空转换的问题，需要认真对待。

《一粒种子改变世界：袁隆平的故事》打破了常规绘本处理时空转换的问题，在不同层次上运用了场景变换的手法，效果不凡。场景变换，是指在一个绘画单元内（通常是单页或对开页）用多幅场景图呈现事件，主题人物往往并行出现在每幅场景图中，从而实现时空转换。这种表现手法有点俄罗斯套娃的味道，就是说在通常的绘画单元场景变换下，另包含了若干小的"二阶"场景变换。1953 年，袁隆平从西南农学院毕业后，被分配到湖南安江农校任教，在那里他不但教学，还带学生做实验，为了帮助农民提高粮食产量，还研究起了红薯和南瓜。为了在绘本中表现袁隆平在同一时段内从事了不同工作，画师采用了多幅小图呈现的场景变换，有授课、做试验、挖红薯和研究幼苗等画面。还有一种按照事件发生顺序的"二阶"场景变换，比如 1961 年袁隆平发现了一株有 230 粒稻米的稻穗，绘本用了三幅小图呈现这一事件，依次是观察水稻、远远望见、走近数稻米，这三个场景又是按时间顺序先后发生的，犹如绘本中插入的"小连环画"，形式灵活，同时"以静生动"，一举多得。

在某种条件下，甚至可以让主人公在一幅画面上（不再分隔为独立的小图）多次出现，通过其行为以及周围事物的变化实现"连环画"效果。比如《植物的好朋友：吴征镒的故事》表现主人公想拯救濒危的植物欲建立生物种质资源库，同一画面连续绘了三次吴征镒和身旁的树，但细节又各不相同：随着树木的枯萎，他的姿势也从站立变换为蹲在地上，且脸上露出了痛心的表情（寓意若无种子，该树将灭绝）。

（二）发挥艺术的想象力

前文笔者对《一粒种子改变世界：袁隆平的故事》中稻田麻雀过多的画面进行了批评，并不是要求绘本必须像镜子一样反映现实生活，而是反对不合逻辑的想象或发挥。既然科普绘本是科学文艺的一种形式，画师自然可以围绕表现的主题，合理构思，大胆发挥艺术的想象力，从而增强画面的表现力和感染力，使画面灵动起来。

《中国第一代航天人：梁思礼的故事》谈到 1956 年梁思礼加入国防部第五研究院，投身到我国的导弹与火箭事业中。画面上，梁思礼跟在钱学森带头的一队人中前行，脚下是有意放大的《建立我国国防航空工业意见书》（下文简称《意见书》）封面，顺着封面纸张的延伸，是微型版的国防部第五研究院的建筑群，在建筑群的周围，又绘有一些比例并不相称的破土而出的嫩芽。整幅画面初看上去有些怪异，因为人物与周围环境的比例并不协调，给人以进入《格列佛游记》所描绘的小人国的感觉。但是若细细品味，又会觉得画师的构图虽夸张但不荒诞，想象力新奇而又寓意深刻，不仅完美诠释了文本，还使得意境超越了文本。《意见书》是钱学森在 1956 年 2 月起草并提交中央的，不久后国防部第五研究院（导弹研究院）成立，钱学森担任院长，梁思礼担任导弹控制系统研究室的副主任。这便是画面中梁思礼跟随在钱学森带头的队伍中的原因，脚下的《意见书》寓意新组建的队伍从此起步。右方围绕建筑群破土而出的"嫩芽"预示着我国国防航空工业崭新的开始。难以想象，原本需要大量文本表达的意思，竟然被画师浓缩在这样一幅富有想象力的构图中。

如果读者留意的话，在《中国第一代航天人：梁思礼的故事》最后"年谱"的下方，画师还别出心裁地设计了一个类似"找找看"的板块。什么意思呢？就是画师在整册绘本中有意在不同地方隐藏了 13

颗星球，比如金星、水星、木星等，然后请小读者们找出来。这看似不起眼的细节，不但体现了画师与读者互动的设计理念，更重要的是画师能在构图中毫不违和地把这些星球融入画面中，这需要较强的构思能力与想象力。

三、小结

本文主要谈了科学家传记绘本应该遵循的三个原则以及两种创作手法，除了真实性原则对此类绘本有较高要求外，其余原则和手法对一般的绘本同样适用，即它们具有普适性。

"丛书"是近年来国内原创的不可多得的科学家传记绘本，无论是整体构思，板块的设计、编排，抑或画面的构图、色彩、表现力、感染力等，均属上乘。当然这8册绘本质量也有高下，个别画面仍有改进之处。特别应该提出的是，"丛书"基于"采集工程"而产生，算高端科研资源科普化的有益尝试，比如每册书末尾的人物年谱，完全是"采集工程"人物传记所附年谱的一个缩微版。我们期待国内科学家传记绘本的创作团队或个人创作出更多此类绘本，为广大公众，特别是少年儿童提供更丰盛的"精神食粮"。

（史晓雷 湖南农业大学通识教育中心副教授）

问大树何以参天？

——评《郭光灿传》

　　梁启超谈及教子经时说过："读名人传记，最能激发人志气，且于应事接物之智慧增长不少，古人所以贵读史者以此。"梁启超的这句话道出了读名人传记的重要意义所在。我们每个人都渴望成功，志气是促使一个人走向成功的强大动力。然而人的志气也往往是最容易被生活所消磨的，因此，人是需要常常打气鼓劲增长志气的。另外，人对自己的潜力究竟有多大往往是不自知的，对一些伟大的目标常常望而生畏。通过阅读名人传记，了解到原来名人也有普通人的一面，名人也是从普通人一步一步成长起来的，可以增强自己的信心。这也就是很多老师在给学生推荐好书的时候经常推荐名人传记的原因之一。

　　作为一名物理师范教育专业的大学老师，我也经常在课堂上劝学生们多读好书，在学好自己本专业课程的基础上，理科生应该读一些人文类的书籍，提高自己的人文素养；文科生应该读一些科学类的书籍，提高自己的科学素养。课后会有一些同学来找我，让我推荐一些书籍，我就把自己多年来读过的、读完感觉很有收获、留下深刻印象的书籍推荐给他们。从 2023 年开始，我的推荐书单上又多了一本新书，这本书是中国科学院学部科普和出版工作委员会组织出版的"科学与人生：中国科学院院士传记"丛书中的一本——《郭光灿传》。本书的主角郭光灿是我国量子光学和量子信息科学的开拓者、先行者与奠基人。中国科学院院士，是中华人民共和国设立的科学技术方面的最高学术称号，为终身荣誉。根据 2023 年 8 月中国科学院官网公布的数据，中国科学院院士共有 823 人，而已经作传的院士只有 22 人。如果将中国的 14 亿人比作一片广袤的森林，那么这 22 名院士就好像是这片森林里巍峨矗立、高耸入云的参天大树；如果将中国的 14 亿人比作连绵不绝的群山，那么这 22 名院士就好像是这群山中直插云霄的山峰。

当你打开这本书开始阅读，你会发现参天大树也是从一颗小小的种子长起来的，并且这颗种子原本被种植的地方并不肥沃，先天没有获得特别的营养，但依旧顽强地生长并逐渐发展壮大，最终长成了一棵参天大树。这种成长往往可以分为外在和内在两个部分。外在的成长主要是他生在何时、长在何地、去往哪里、经历了什么、做了什么，最终对社会、对国家做出了什么样的贡献等；内在的成长主要是从内在看他思想上、认知上经历了什么，其成长的内在驱动力是什么。

这本书的章节安排也正是这样做的。第一章到第四章，是典型的传记写法，以时间为序，作者通过采访郭光灿院士的家人、好友、同事，获得了翔实的资料，全方位地刻画了郭光灿院士的人生。在介绍郭光灿院士每一位家人、好友、同事的时候，往往也对他们做了素描式的描述，汇集了一些中国科研工作者的逸闻趣事，使得这本书不光写了主角，还刻画了当代中国科研工作者的群像，让读者看到了科学家们的另一面。人们往往对科学家留有刻板印象，认为科学家满脑子都是科学问题，不在意生活的细枝末节，甚至对流行文化不闻不问。作者在书中强调，这种印象实在是应该改一下了。郭光灿院士是非常注意仪表的，穿着打扮是很讲究的。书的扉页上有多张郭光灿院士的照片，读者可以一睹其风采。同时，郭光灿院士对于流行文化也很有兴趣，在操场上散步的时候喜欢拿着随身听听刀郎的《孤独的牧羊人》，而且是一遍一遍地循环播放听。类似这样的生活场景，书中有很多描写。对故事感兴趣的读者可以从这四章中充分感受郭光灿院士人生的细节。第五章不再仅仅以时间为序，而是深入郭光灿院士思想的深处，以他的科研探索前进道路的内在逻辑为序，着重描述了郭光灿对量子信息研究领域的认知不断深入的过程，实验室架构布局逐渐完善的过程，以及郭光灿院士思想认知上的变化发展。第五章似乎是专门给科研工作者写的，更是一份对年轻科研工作者的科研规划指导，相信年轻科研工作者读完第五章会有非常大的收获。

讲述郭光灿院士的故事，必然离不开其时代背景，因为他后来所从事的事业具有划时代的意义。量子理论是在 20 世纪初期建立起来的，根据科学发展的经验，一个新的基础理论的建立必将引起技术的革命，而这个革命往往延后于理论上百年。从量子理论建立至今也差不多一百年了，基于量子理论的技术应该要有大的突破了。就好比蒸汽机、发电机和电脑的发明极大地改变了人们的生活一样，人们期待着有一种基于量子理论的科技发明也会再次极大地改变人们的生活。目前来看，量子计算机就是这样一个发明。与我们现在正在使用的计算机不同，量子计算机的计算过程用到的信息单元是量子化的。这种量子化极大地提高了运算速度。经常用来展示量子计算机能力的一个例子是，现有计算机需要计算上万年时间的问题，量子计算机几秒钟就能算完。如果有一天每个人的桌子上都能摆上这样一个具有强大算力的量子计算机，那么世界将会变成怎样呢？这一天的到来必将极大地改变世界。郭光灿院士所从事的事业就与量子计算机有关，因此作者一开始就从一种大历史观的角度把时代背景定位于世界范围，从量子光学世界发展史的角度来看待郭光灿院士与量子光学、量子信息科学之间的缘起与发展。在讲述郭光灿院士不同时期故事的时候，时常穿插一些同时期世界上量子光学领域中的重要事件，这样更能凸显郭光灿院士与量子光学之间的"纠缠"。这使得这本书有着大历史观的特点。

一般来说，读名人的传记，人们往往期望从中学习走向成功的秘诀。究竟是什么样的力量使得一个人终其一生都保持着积极进取的状态呢？在读这本传记的过程中，我试图从书中寻找这个问题的答案。虽然作者并没有就这个问题进行专门、系统的探讨，但是从作者忠于事实的描述中，我们似乎可以总结出答案来。一个人在其人生的不同阶段，其驱动力也往往是不同的。少年时代驱动力往往是兴趣、好胜心，或者是对名利的向往，但是随着年龄的增长，尤其是当人们取得了一些成绩之后，这些驱动力就不再足以推动其向着更为宏大的目标前进了。更为宏大的目标必须得有更为高尚的驱动力相匹配——那就是家国情怀。当一个人清晰地认识到自己对于民族和国家的使命的时候，往往更能做出不朽的贡献。在民族危亡之时，救亡图存就是最大的志向；在国家改革发展之时，为国家尽早实现伟大复兴之梦贡献力量就是最大的志向。

问大树何以参天，因其心知其所向。

志向其实就是一个人的理想信念，也就是一个人的人生观、价值观的主要构成部分。人生观、价值观是人生的总开关，对一个人的其他品质特质起到了决定性的作用。大的志向决定了一个人必定是勤奋刻苦的，书中写到郭光灿院士一直坚持读书，每天都勤奋读书读到很晚。那是因为他心中明白当时的他距离自己心中目标的路途还很遥远。大的志向决定了一个人必定是有勇气的，在郭光灿院士还没有多大影响力的时候敢于给钱学森直接写信求助，那是因为其心中装着家国，他相信钱老会理解他的一片拳拳的报国之情。大的志向决定了一个人必定是有大的格局，决定了其宽阔的心胸，因此也让人具有了非常好的凝聚人心的能力，带领团队的能力。当下年轻人越是能够早日在心中立下大志，并为之付出勤劳与努力，将来越是能够做出更大的贡献。

有人说："教育的本质是一棵树摇动另一棵树，一朵云推动另一朵云，一个灵魂召唤另一个灵魂。"希望郭光灿院士这棵参天大树能够摇动更多的树，使它们将来也成长为参天大树。希望更多的中学生、大学生、研究生、年轻的科研工作者能够读到这本传记，能够早日实现内心驱动力的转型。如此，中华民族的伟大复兴必将早日到来。

（冯胜飞　首都师范大学物理系教授）

小读者读后感集锦 *

在当今这个信息爆炸的时代，阅读不仅是孩子们获取知识的重要途径，更是他们培养思维和情感的重要方式。优秀的科普书籍为孩子们打开了探索世界的大门，让他们在书中汲取智慧、激发好奇心，并在潜移默化中塑造他们的价值观和人生观。孩子们不仅收获了知识，更感受到了探索的乐趣和对未来的憧憬。

从《地球简史（儿童版）》的神秘历史，到《细胞总动员》中细胞的奇妙冒险，再到《太空地图：火星叔叔带你游太空》中的太空之旅……这些书籍让孩子们的想象力飞翔，激发了他们对科学的热爱和对自然的敬畏。让我们一同走进这些小读者的心灵世界，看看他们如何通过书籍发现更广阔的天地！

---

* 小读者读后感内容遴选自 2024 年 7 月 "中国科普作家协会科学阅读活动——青少年专属季" 科普图书读后感征集活动。

一、博物与自然的启迪

（一）《地球简史（儿童版）》读后感（节选）

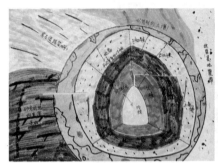

（吴若谷　河北省邯郸市丛台小学北校区一年级）

（指导家长：谷　卉）

　　当我翻开《地球简史（儿童版）》这本神奇的书籍时，就像打开了一扇通往远古世界的窗户，让我这个小小探险家瞬间沉浸在地球漫长的发展历史中。

　　这本书用简单易懂的语言和生动有趣的插图，向我讲述了一个又一个关于地球的故事。从宇宙的诞生，到太阳系的形成，再到地球这颗蓝色星球的出现，每一个章节都充满了神秘和惊喜。我仿佛乘坐着时间机器，穿梭在数十亿年的时光隧道里，亲眼见证了地球的诞生、演变和成长。

　　在阅读的过程中，我被地球的历史深深吸引。从最初的炽热火球，逐渐冷却凝固，形成山脉、河流和海洋；从单细胞生物的诞生，到复杂生态系统的建立，地球上的生命经历了从无到有、从简单到复杂的奇妙旅程。这些故事让我感受到了大自然的神奇和生命的顽强，也让我更加珍惜我们赖以生存的这颗星球。

（赵知雨　上海市上海交通大学附属小学四年级）

（指导教师：侯玉丽）

（二）《细胞总动员》读后感（节选）

作者把无趣复杂的生物学变得简单有趣，比如：快乐的吃货巨噬细胞、忧郁的艺术家中性粒细胞、人体里的超级拆迁队 NK 细胞等，结合了生态学、微生物学和演化生物学，让你仿佛置身于一个微小的世界，进一步了解到免疫系统是如何工作的，以及在各种不同的状况下，免疫细胞是如何攻击那些入侵的病毒和细胞的。

第三章《不速之客》是我最喜欢的，病毒为了能进驻人体细胞，它们无孔不入，见招拆招，有"开锁匠"、有"易容高手"……虽然它们的构造简单粗暴——蛋白质外壳包裹着一段基因组，但是它还是通过自己"简陋"的办法壮大着自己的队伍，建立自己的族群，抱团、侵略其他细胞，占领那里后把它变成自己的复制"车间"。它们不会因为一次又一次的失败而气馁，它们会在方法、方式、时间、渠道上逐一去找到突破口——鼻子。

读完所有的内容，我深深地感到我们的身体是细胞和病毒的一个战场，想要细胞和病毒和平共处，我的办法是营养均衡、早睡早起、合理的运动，给它们一个安逸的空间。

（赵海捷　浙江省景宁畲族自治县红星小学四年级）

（指导教师：李丽仙）

（三）《小象日记》读后感（节选）

这本书是科普作家苏小谦和云南省森林消防总队联合创作的，从小象的视角讲述了 2021 年云南象群迁徙的故事。故事的主角小象北北是一只居住在我国云南省西双版纳傣族自治州勐养镇热带雨林中的野生亚洲象，它跟着大象外婆、妈妈和家族成员开始了一场一路向北的旅行，最后回到家乡。一路上，北北记录了去过的地方和吃到的美食，以及旅途中的欢乐、冒险与挑战。我觉得最好笑的地方是旅途中小象会吃大象的屎，因为大象的屎里有很多养分，小象更容易从中吸收营养，这段描写刷新了我的认知。而在象群过大桥的时候，庞大的大象居然不敢过一座普通的大桥，它们在桥面上的每一步都胆战心惊，这样的对比显得特别有趣。

这本书不仅让我看到了大象家族迁徙的故事，也感受到人们为了保护象群做出的努力。作为北京市东城区的一名环保小卫士，我能做到保护环境，善待野生小动物。

（王宇鹏　北京市板厂小学三年级）

（指导教师：唐婧怡）

（四）"小亮老师的博物课"系列读后感（节选）

"小亮老师的博物课"系列中有许多内容与我们的生活息息相关，比如去动物园为什么不能投喂动物这个问题，在这之前，我去动物园也会投喂动物，但是读了这一部分的内容，我才知道动物园禁止投喂的原因。原来游客们投喂的食物并不一定都适合动物，动物园都会按动物们的身体情况为它们准备一些对它们身体有益的食物。如果动物们被游客投喂饱了，那么它们就吃不下动物园精心为它们准备的食物了。还有一方面原因是有些游客投喂动物后，会将包装扔在地上，如果上面还有食物残渣，动物们可能会误食这些包装。曾经就有一只鸵鸟，因为误吃下了食品包装袋，最后因此而死亡。

现在我每天都会伴随着这些有趣的知识入眠。在我的梦中，我梦见了长臂猿在跟我打招呼；章鱼和乌贼，还有鱿鱼一起在比谁的腿多；还有像枯叶一样的枯叶蝶，隐身在树上躲避天敌……

（宋梓赫 河北省保定市冀英第五小学三年级）

（指导教师：王 丹）

（五）《DK博物大百科》读后感（节选）

这本书就像一个魔法宝箱，打开它，就像打开了一扇通往奇妙世界的大门。书里的画儿五颜六色，每翻一页，都好像有新的惊喜在等着我。

我看到了长颈鹿，它们好像高高的树一样，脖子长到可以摘云朵呢！乌龟慢悠悠的，背着它们小小的房子，好像在告诉我，不管走到哪里，家都是最重要的。还有那些会发光的小鱼，它们在水里一闪一闪的，好像在玩捉迷藏。

书里还有好多植物，像松树，它们的叶子尖尖的，好像在说："别碰我。"还有很多五颜六色的花，好像在比谁的衣服更漂亮。我学到了玫瑰花有刺，是不想让小动物咬它们；向日葵总是朝着太阳转，好像在对太阳说："太阳，你好！"

我还发现了蜜蜂怎么采蜜，小毛虫怎么变成美丽的蝴蝶。这些都让我体会到大自然真的好神奇，好有趣。读完这本书，我感觉自己好像变成了一个小探险家，看到了世界上好多奇妙的东西。

我觉得每个生命都好特别，我们要好好珍惜它们。我以后要更努力保护我们的地球，让世界变得更美好！

（马熠卿　湖北省武汉市华中科技大学附属小学一年级）

（指导家长：马　俊）

记得我中班的时候，妈妈抱回来了这本非常厚、非常重的书，虽然当时我还没有认识太多字，但是这本书上生动的图片让我甚是着迷，比如，矿物篇中绿油油的祖母绿宝石、粉嫩嫩的蔷薇石英和紫莹莹的紫晶都是我从未见过的，真是让我大开眼界。直到我今年暑假去了重庆自然博物馆，在那里我看见了和书中一模一样的漂亮矿石，这种书本与现实的对照，深深满足了我的好奇心和探索欲！

动物篇中，你可以找到在平常生活中常见的麻雀、喜鹊，以及埋伏在深山老林的老虎、蟒蛇等，还可以找到很多濒危动物，如穿山甲、儒艮、叶蛙、鸭嘴兽等。在许许多多动物之中，我独爱鸟类。鸟类有"高大上"的鸵鸟，有小巧玲珑的几维鸟，还有凶猛的鹰、隼、雕等。

作为率先登上陆地的生命，植物在我们的生活中几乎无处不见。粮食、水果和蔬菜保证我们每天需要的营养；中草药可以帮我们治病；漂亮的花草还可以作为观赏品，放置在需要的场合，不仅美观大方，还可以清新空气；树木和竹子等作为原材料还可以制成家具、纸张等。植物篇中我印象最深的就是出淤泥而不染的睡莲，这本书让我知道了睡莲不仅有白睡莲，还有叶片像盘子一样的王莲，黄得像日出时的阳光一样的日出睡莲，还有名字不带莲却也是睡莲科的芡实。其中我独爱日出睡莲，因为它的花语象征了日出的阳光，代

表了每一天都是一个新的开始。我们作为新时代的青少年，是祖国
的花朵，祖国的未来。我们要向往美好的明天，学会坚持不懈地去
追求更美好的未来。

（白沐可　河北省邯郸市丛阳小学四年级）

（指导教师：段寅明、马沛）

（六）《超级工程科学绘本（全3册）》读后感

（王星研　山东省济南市南上山街小学四年级）

（指导教师：孙艳慧）

二、科学与科学家精神的激励

（一）《天工开物：给孩子的中国古代科技百科全书》读后感（节选）

这本书的优点之一是图文并茂。作为本书主体的精致漂亮的插图，
会激发我们的好奇心，配上详略得当的文字内容，还原了中国古代人是
怎么利用经验去制造生活必需品的，让我们了解到古代一些物品的叫
法，以及古人制作这些物品的高超技艺，解答了我们对古代工艺制作的
疑惑。比如在五金这一项内容中的最后部分，作者就利用剖面示意图展

示出了底吹炉的运作过程。

作者对生僻的字贴心标注了读音和解释。比如有一些词，虽然原本的读音我们可能知道，但是它在文中的读音和意思有时候就和我们知道的不一样。就比如"甘啫"，我们觉得它的读音应该是 gān shì，但是却读 zhě shì。作者给我们注上了音，以防我们读错，并且也注明了它的意思，其实指的是制作糖。这主要是因为时代的变迁，很多字的用法改变了，语义也改变了。

关于本书的不足。一是有的内容归类不够清晰、明确。比如，在"作咸"（做盐）的这部分中，不同地域、不同类别做盐的步骤是直接按照序号连在一起的。在序号 1～4 中写的是在海边的人怎么做盐，序号 5～6 则写的是在咸水湖边的人怎么做盐，序号 7～9 写的是不在海边和咸水湖边的人们怎么做盐，但这三组中间没有过渡，容易让人以为它们都是一类的。所以，我建议可以重新排一下序，同时把同一类的内容进行归纳，分别表述。二是拼音标注范围可以再扩大一些，标注再明显一些。部分难一些的字，由于没有拼音，岁数小的孩子还读不了，标注范围可以再扩大一些。此外，书中大部分读音标注的位置、大小和颜色，都不够明显，可以再突出一些。

身处现代、身为小学生的我们，读完此书后，也深感自己的见识非常短浅。一方面，我们要珍惜自己现在的环境，好好学习。另一方面，我们要进一步认识、学习中国古代科技知识和文明，站在巨人的肩膀上继续弘扬我们的中国传统文化，发展现代科技，让我们的生活，让我们的国家更美好。

（王思远　北京市清华大学附属小学 2020 级）

（指导教师：明　远）

（二）"'共和国脊梁'科学家绘本丛书"读后感（节选）

"星河长明，照耀前行之路；脊梁挺立，撑起民族之魂。"这诗意的开篇，恰如这套书所呈现的壮阔画卷，引领我们走进那些以智慧与汗水铸就共和国辉煌的科学家们的心灵世界。

在这套 8 册的绘本中，每一位科学家都是一颗璀璨的星星，他们的故事交织成一幅幅动人的画面。袁隆平，这位"杂交水稻之父"，他的故事如同稻香四溢的田野，讲述着从一粒种子到亿万生命的奇迹，展现了他对农业科学的无限热爱与对人民福祉的深切关怀。而竺可桢的气象观测站、钱学森的航天梦想、何泽慧的核物理探索、吴征镒的植物王国、刘东生的地质足迹、梁思礼的导弹人生、屠呦呦的青蒿素发现，这些名字与事迹，如同星辰般璀璨，共同照亮了共和国科技的天空。

阅读此书，我仿佛置身于一场穿越时空的旅行，与这些伟大的灵魂相遇。袁隆平院士的身影，尤为鲜明。他弯腰于稻田之间，那双布满老茧的手，不仅握住了稻穗，更握住了国家与民族的未来。他的故事，让我深刻理解到，真正的科学家，不仅是知识的探索者，更是时代的担当者，人民的守护者。

这套书不仅是一部科学家的传记合集，更是一部关于梦想、坚持与奉献的深刻启示录。它让我明白，每一个伟大的成就背后，都凝聚着无数次的尝试与失败，都承载着科学家们对科学的无限热爱与对国家的深切情怀。这些科学家，用他们的智慧与汗水，为我们树立了不朽的榜样，激励着我们不断前行。

（高莘博　上海市嘉定区第一中学附属小学四年级）

（指导教师：顾丽云）

（张馨予　山东省济南市罗而小学四年级）

（指导教师：徐如伟）

三、太空探索的梦想

《太空地图：火星叔叔带你游太空》读后感（节选）

奶奶对我说："你长大了当医生吧，救死扶伤，造福民众。"爸爸对我说："你长大了当飞行员吧，蓝天见证荣耀，飞翔诠释梦想。"妈妈对我说："你长大了当老师吧，照亮孩子们前行的道路，引领孩子们走向美好的未来。"哎呀！他们说的都有道理，我长大了到底该做什么呢？

很快一年级结束了，来到了暑假，科学老师布置的暑假作业有一项是自愿参加"科普图书读后感征集活动"。我喜欢神秘，喜欢求知于宇宙，就在书单里选了《太空地图：火星叔叔带你游太空》这本书，打算遨游太空。没想到的是，这也让我渐渐地知道自己长大该干什么了！

我们"乘坐"载人飞船从地球出发，游历了月球、火星、太阳、太阳系、银河系……哇，太空太神奇了！宇宙太浩瀚了！这本书太好看了！这本书用拟人形式把科学知识传递给了我，这些知识是那么的生动有趣，让我大开眼界。同时我也感受到了人类在宇宙中的渺小，我们面对大自然时要谦卑，要怀着敬畏之心。

我边游边联想到了"嫦娥工程"。在中国，有一个家喻户晓的神话故事——"嫦娥奔月"，所以，中国将探月工程命名为"嫦娥工程"。"嫦娥工程"分三期，分别是"绕""落""回"。中国的探月工程成绩喜人，三期目标一一实现，现在又提出了新的工程目标。探月工程意义重大，如可以催生许多的新科技，像医疗监测系统、脱水蔬菜制造技术、微波加热技术等，都是在探月中催生的。探月能给人类生产、生活带来重大影响，我也想参与探月。

（张兆可　河北省邯郸市丛台小学一年级）

（指导教师：秦铭遥、王晓楠）

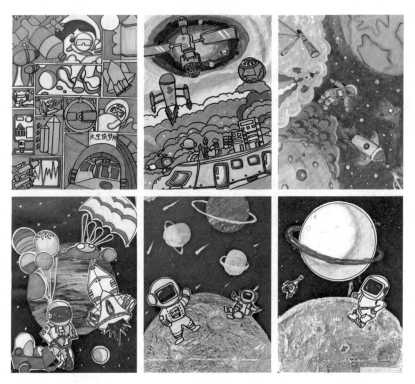

（李　想　河北省沧州市重庆路小学五年级）

（指导教师：李少丹、程营）

（赵恒久　河北省沧州市重庆路小学二年级）

（指导教师：程　营）

（毕家翊　山东省济南市泉海学校八年级）

（指导教师：李晓玉）

（李臻熙　河北省沧州市新华区实验小学五年级）

（指导教师：孙　学）

　　这些用文字或绘画呈现的读后感，不仅展示了孩子们对书籍的热爱，更体现了他们在阅读中获得的知识与启迪。无论是对自然的探索、对科学精神的传承，还是对太空的向往，这些都将成为他们成长道路上的宝贵财富。希望更多的孩子能够通过阅读，找到自己的梦想与方向！

附　录

"中国科普作家协会优秀科普作品奖"简介

2008 年 5 月，经国家科学技术奖励工作办公室批准，中国科普作家协会设立"中国科普作家协会优秀科普作品奖"。该奖项是中国科普创作领域的最高奖项，每两年评选一次。用于表彰奖励全国范围内以中文或国内少数民族语言创作的优秀科普作品的创作者和出版制作机构，参评作品主要分为科普图书类、科普影视动画类、青年短篇科普佳作类三个类别。

第六届"中国科普作家协会优秀科普作品奖"获奖名单

科普图书类

金奖（10种）

序号	作品名称	出版单位	作者
1	10天，让你避开宫颈癌	中国妇女出版社	谭先杰　著
2	人类起源的故事	浙江人民出版社	［美］大卫·赖克　著 叶凯雄　胡正飞　译
3	飞蝗物语	浙江教育出版社	陈应松　著
4	月球旅店	科学出版社	吴季　著
5	正在消失的美丽——中国濒危动植物寻踪	北京出版社	管开云　郭忠仁　朱建国　主编
6	丝路寻蝶	新疆青少年出版社	［法］伊莎贝尔·辛姆莱尔　绘著 赵佼佼　译
7	"共和国脊梁"科学家绘本丛书（8册）	北京少年儿童出版社	张藜　任福君　主编
8	爱犯错的智能体	清华大学出版社	张军平　著
9	疾病的真相：熊猫医生科普日记	人民卫生出版社	缪中荣　文 何义舟　图
10	斯瓦尔巴密码：段煦北极博物笔记	化学工业出版社	段煦　著

银奖（19种）

序号	作品名称	出版单位	作 者
1	DK博物大百科 自然界的视觉盛宴	科学普及出版社	英国DK公司 编著 张劲硕 等译
2	超级工程科学绘本（全3册）	北京科学技术出版社有限公司	田恬 曹慧思 徐凯 向上 中交第三航务工程勘察设计院有限公司 著 张澎 管治国 绘
3	地球简史（儿童版）	黑龙江少年儿童出版社	［法］纪尧姆·杜普拉 著 周行 译
4	高登义科学探险手记（6册）	福建少年儿童出版社	高登义 著
5	观天巨眼——五百米口径球面射电望远镜（FAST）	浙江教育出版社	南仁东 主编
6	流感病毒：躲也躲不过的敌人	科学普及出版社	高福 刘欢 著
7	奇妙量子世界——人人都能看懂的量子科学漫画	人民邮电出版社	墨子沙龙 著 Sheldon科学漫画工作室 绘制
8	青藏光芒	北京十月文艺出版社 西藏人民出版社	马丽华 著
9	舌尖上的海洋科普丛书（4册）	中国海洋大学出版社有限公司	周德庆 总主编
10	诗话湖泊	南京大学出版社	郭娅 薛滨 编著
11	实验室的魔法手册	人民邮电出版社	杨帆 著
12	太空地图：火星叔叔带你游太空	化学工业出版社有限公司	郑永春 著
13	天气预报：一部科学探险史	广西师范大学出版社	［英］彼得·穆尔 著 张朋亮 译

续　表

序号	作品名称	出版单位	作　者
14	图说离不开的小空间——农村厕所的故事	中国农业出版社	农业农村部规划设计研究院　编绘
15	遗世独立珍稀濒危植物手绘观察笔记	江苏凤凰科学技术出版社	殷茜　著　出离　绘
16	云彩收集者手册	译林出版社	［英］加文·普雷特·平尼　著　王燕平　张超　译
17	照进角落的光：行走在远古到中世纪的医学	人民卫生出版社	孙轶飞　著
18	彩图青少版中国科技通史（6册）	接力出版社	江晓原　主编
19	中国廊桥	人民交通出版社	中国公路学会　主编

科普影视动画类

金奖（5种）

序号	作　品　名　称	出　品　单　位
1	秋实	北京盛世顺景文化传媒有限公司
2	酷杰的科学之旅——海洋探秘	中科数创（北京）数字传媒有限公司
3	影响世界的中国植物	北京木子合成影视文化传媒有限公司
4	时间反演对称性	上海交通大学李政道图书馆
5	令人惊叹的宇宙	上海光锥文化传媒有限公司

银奖（10种）

序号	作品名称	出品单位
1	一个中国农民的疯狂试验	山东广播电视台农科频道
2	假面——聚焦微笑型抑郁症	上海交通大学医学院附属仁济医院

序号	作品名称	出品单位
3	人体奥秘系列科普课程	上海睿宏文化传播有限公司 上海我思教育科技有限公司
4	正大综艺·动物来啦	央视创造传媒有限公司
5	探寻人工智能	高等教育电子音像出版社有限公司
6	资源开发与生态保护动画集	中国地质环境监测院 国土资源电子音像出版社（地质出版社有限公司）
7	少年师爷之智慧丝路	浙江特立宙动画影视有限公司
8	南海探秘	上海科技馆同济大学
9	菜用睡莲高效栽培技术	湖北电影制片有限责任公司
10	科普中国小樱桃读科学	科学普及出版社

青年短篇科普佳作类

金奖（10 种）

序号	作品名称	作者
1	"北京 8 分钟"里的中国"智造"	高 峰
2	激动！全宇宙的第一个化学反应产物，终于被科学家找到了！	鞠 强
3	"司南"不一定是勺，但勺能指南	刘辛味
4	你好，来自远古的"煎饼鸟"	邢立达
5	我们的中国名字	何既白
6	为什么石制的巴黎圣母院抵御不了大火？ "石皮木心"结构竟成软肋	马之恒
7	人类认知和发现黑洞的过程中有着怎样漫长而曲折的故事	王 爽
8	为何我的航班会延误？	潘友星

序号	作　品　名　称	作　者
9	两万两千公里的勇气	螳小螂（原名李涛）
10	月球车玉兔二号，去发现第二颗月亮吧！	朱　贝（笔名溯鹰）

银奖（19种）

序号	作　品　名　称	作　者
1	当你去世后，你的身体都经历了啥？	武文娟
2	期待"雾"会美回来	张金萍
3	当大脑连上计算机……	任　平（善行无迹）
4	从"奔月"到"登月"——细数嫦娥四号的几大亮点	霍　静
5	在太空谛听"时空涟漪"——我国首颗空间引力波探测星"太极一号"上的兰州印记	何　燕
6	教科书又要改写了？这条虫子的出现，是动物早期演化史的巨大飞跃	陈孝政
7	它是臭名昭著的兴奋剂，也是诺奖梦开始的地方	王　曦
8	《泡沫》中隐藏的科学密码	徐　海
9	蟑螂："凡杀不死我的，必会使我更强大"	郭景奥
10	嗖！变出无数个"孙悟空"	汤　波
11	以古开今：在传统文化中寻找科普创作新思路——评张辰亮《海错图笔记》	邹　贞
12	微塑料进入人体后，危害有多大？	祝叶华
13	流星	厉海川
14	这位患者临终前的决定让他的主管大夫感激一生	子　琳

续 表

序号	作品名称	作者
15	致敬人类登月 50 年	宋雅娟
16	《神奇动物在这里》系列	许 舟
17	"机器换人"，你怕不怕？	李思琪
18	鸟的膝盖在哪里	薄顺奇
19	读懂孩子画里的话	严 虎

第七届"中国科普作家协会优秀科普作品奖"获奖名单

科普图书类

特别奖（2种）

序号	作品名称	出版单位	著作责任者
1	医学的温度	商务印书馆	韩启德 著
2	山川纪行	江苏凤凰科学技术出版社	臧穆 著

金奖（10种）

序号	作品名称	出版单位	著作责任者
1	深海浅说	上海科技教育出版社	汪品先 著
2	寻找失去的星空	少年儿童出版社	上海天文馆（上海科技馆分馆）上海童书研究中心 编
3	月球车与火星车	中国宇航出版社	贾阳 著
4	物理君大冒险	北京联合出版公司	中科院物理所 编
5	活出健康——免疫力就是好医生	人民卫生出版社	王贵强 王立祥 张文宏 主编
6	华西医院辟谣小分队医学科普读本	四川科学技术出版社	《华西医院辟谣小分队医学科普读本》编委会 编著
7	粲然	浙江教育出版社	叶梅 著
8	中国轨道号	安徽少年儿童出版社	吴岩 著

序号	作品名称	出版单位	著作责任者
9	森林之花：玛格丽特·米的植物学笔记	湖南美术出版社	［英］玛格丽特·米　著 ［英］李永学　译
10	窗外的鸟：武汉宅家观鸟报告	湖北科学技术出版社	颜军　管芙蓉　明亮　编著

银奖（19种）

序号	作品名称	出版单位	著作责任者
1	诗意星空——画布上的天文学	南京大学出版社	罗方扬　著
2	极简天文课	科学出版社	张双南　著
3	60万米高空看中国	江苏凤凰科学技术出版社	刘思扬　主编 新华社卫星新闻实验室　编著
4	微积分的力量	中信出版集团	［美］史蒂夫·斯托加茨著 任烨　译
5	左手南极，右手北极（自然篇）	晨光出版社	李荣滨　著 ［巴西］朱莉安娜·莫茨科　绘
6	人体泌尿科学惊奇	人民卫生出版社	宋刚　著
7	我们的身体启蒙认知绘本系列	中国人口出版社	赵宪庆　主编 蒋文芹　著 刘璐　绘
8	致命的伴侣——微生物如何塑造人类历史	商务印书馆	［英］多萝西·H.克劳福德　著 艾仁贵　译
9	做女孩，超自在——青春期女生健康悄悄话	上海科学技术文献出版社	林帝浣，等　编著

续　表

序号	作品名称	出版单位	著作责任者
10	毒草芬芳	重庆出版社	管弦　著
11	桥之魅——如何欣赏一座桥	北京出版社	唐寰澄　著
12	郭光灿传	科学出版社	星河　著
13	榫卯的魅力	化学工业出版社	张瑶　主编
14	天工开物：给孩子的中国古代科技百科全书	人民邮电出版社	龙逸　编著 傅航　绘
15	走出思维泥潭：如何激发科学创新中的奇思妙想	浙江教育出版社	［美］罗伯塔·乃斯　著 赵军，等　译 丁奎岭　审校
16	小亮老师的博物课	天地出版社	张辰亮　著 尉洋，等　绘
17	小象日记	福建少年儿童出版社	苏小谦　云南省森林消防总队　著
18	秘境守望——东黑冠长臂猿寻踪	广西科学技术出版社	黄嵩和　著
19	细胞总动员	科学普及出版社	周琪　李天达　著 一竹　绘

科普影视动画类

特别奖（1种）

序号	作品名称	出品制作单位
1	中国科学家精神系列专题纪录片追梦身影（第一季）	中国科学技术协会出品／版权中国科学技术出版社有限公司

金奖（5种）

序号	作品名称	出品制作单位
1	被数学选中的人	出品单位：中央广播电视总台影视剧纪录片中心 制作单位：中央新闻纪录电影制片厂（集团）、北京发现纪实传媒有限公司
2	多样之境	中央广播电视总台英语环球节目中心
3	海洋中信息的获取与传输——水声	江苏省声学学会
4	宇宙大爆炸	北京天文馆
5	隐匿杀手	出品单位：中央广播电视总台影视剧纪录片中心 制作单位：中央新闻纪录电影制片厂（集团）、北京科影传媒有限公司

银奖（10种）

序号	作品名称	出品制作单位
1	水浸街	广西壮族自治区气象培训中心、广西壮族自治区气象服务中心、广西气象学会
2	农耕春秋——画说农桑	出品单位：中央广播电视总台农业农村节目中心 制作单位：中央新闻纪录电影制片厂（集团）、北京科影传媒有限公司
3	红与蜂	探索—北师大纪录片工作坊 山东省临沂市广播电视台
4	寻秘自然	上海光锥文化传媒有限公司
5	酷杰的科学之旅——超侠小特工	中科数创（北京）数字传媒有限公司
6	《黑洞探秘》科普特效电影双片（球幕 +4D）	上海睿宏文化传播有限公司（出品）、内蒙古自然博物馆（联合出品）

续 表

序号	作品名称	出品制作单位
7	托卡马克装置	时代新媒体出版社有限责任公司 安徽创新馆
8	《触摸科技》系列科普纪录片（第一季）	中国科学技术馆
9	鲜味的秘密	中国农业电影电视中心
10	心灵感冒——身边的抑郁症	山东精神卫生中心

青年短篇科普佳作类

金奖（9种）

序号	作品名称	作者
1	植物与植食者的爱恨情仇	茶永鹏　李庆军
2	换个"脚"度欣赏鸟	图文/何文博（笔名何文喵）
3	黄土高原的前世今生	罗璐
4	长江，你从哪里来	马晓娴　张洁
5	找寻与重生——《海的女儿》续	孙玉苗
6	恐龙去哪了：飞行的进化史	张一恺
7	来自月球的"土特产"	郑永春
8	细胞分裂时，里面的家当怎么分？	刘天同
9	动物世界，亦有江湖——弱者的生存之道	乔志远

银奖（20 种）

序号	作 品 名 称	作 者
1	疫剑决	尹超（笔名超侠）
2	莲为何出淤泥而不染？原因全网都答错了！	陈莹婷
3	飞越珠穆朗玛峰	文 / 崔岸儿　图 / 从心
4	蚕的飞行日记	文 / 冯雁雯（笔名惟一）图 /ALEX
5	"保护濒危物种"，到底是在保护什么？	顾垒
6	2020 珠峰高程测量纪实	文 / 李国鹏　图 / 李国鹏　扎西次仁
7	恒星爆炸时，地球安全吗？——超新星爆发如何影响地球生命	李鉴
8	有趣的"失稳"现象	刘建林
9	中国火神踏上火星！祝融号火星车着陆火星十大问题详解	毛新愿
10	小个子与大个子	图文 / 李涛（笔名螳小螂）
11	地空通讯中的"国家重器"——"墨子号"	王洪鹏
12	人类灭绝之后，能留下存在过的证据吗？	王卓成（笔名绿洲）
13	十分危险恶之花，奈何倾城好颜色	信聪颖（笔名雨山）
14	魂兮归来：科技时代的失根与寻根	姚利芬
15	从无到有，盾构机强国如何炼成	姚永嘉（笔名半只土豆）
16	基因不是你宿命	叶盛
17	《神奇生物的"保命"日记》系列	余汝心
18	建房子	文 / 张晶晶　图 / 雨青工作室
19	大航母之梦	赵海明　顾超逸
20	科普长图|直上云霄百万米，天上都有什么？	邹天森